RaumFragen: Stadt – Region – Landschaft

Reihe herausgegeben von
Olaf Kühne, Tübingen, Deutschland
Sebastian Kinder, Tübingen, Deutschland
Olaf Schnur, Berlin, Deutschland

RaumFragen: Stadt – Region – Landschaft | SpaceAffairs: City – Region – Landscape

Im Zuge des „spatial turns" der Sozial- und Geisteswissenschaften hat sich die Zahl der wissenschaftlichen Forschungen in diesem Bereich deutlich erhöht. Mit der Reihe „RaumFragen: Stadt – Region – Landschaft" wird Wissenschaftlerinnen und Wissenschaftlern ein Forum angeboten, innovative Ansätze der Anthropogeographie und sozialwissenschaftlichen Raumforschung zu präsentieren. Die Reihe orientiert sich an grundsätzlichen Fragen des gesellschaftlichen Raumverständnisses. Dabei ist es das Ziel, unterschiedliche Theorieansätze der anthropogeographischen und sozialwissenschaftlichen Stadt- und Regionalforschung zu integrieren. Räumliche Bezüge sollen dabei insbesondere auf mikro- und mesoskaliger Ebene liegen. Die Reihe umfasst theoretische sowie theoriegeleitete empirische Arbeiten. Dazu gehören Monographien und Sammelbände, aber auch Einführungen in Teilaspekte der stadt- und regionalbezogenen geographischen und sozialwissenschaftlichen Forschung. Ergänzend werden auch Tagungsbände und Qualifikationsarbeiten (Dissertationen, Habilitationsschriften) publiziert.

Herausgegeben von
Prof. Dr. Dr. Olaf Kühne, Universität Tübingen
Prof. Dr. Sebastian Kinder, Universität Tübingen
PD Dr. Olaf Schnur, Berlin

In the course of the "spatial turn" of the social sciences and humanities, the number of scientific researches in this field has increased significantly. With the series "RaumFragen: Stadt – Region – Landschaft" scientists are offered a forum to present innovative approaches in anthropogeography and social space research. The series focuses on fundamental questions of the social understanding of space. The aim is to integrate different theoretical approaches of anthropogeographical and social-scientific urban and regional research. Spatial references should be on a micro- and mesoscale level in particular. The series comprises theoretical and theory-based empirical work. These include monographs and anthologies, but also introductions to some aspects of urban and regional geographical and social science research. In addition, conference proceedings and qualification papers (dissertations, postdoctoral theses) are also published.

Edited by
Prof. Dr. Dr. Olaf Kühne, Universität Tübingen
Prof. Dr. Sebastian Kinder, Universität Tübingen
PD Dr. Olaf Schnur, Berlin

Helena Atteneder · Olaf Kühne ·
Timo Sedelmeier

Kartographische Darstellungen als mediale Konstrukte

Von Theorie, Kritik und Praxis zur
neopragmatistischen Perspektive

Helena Atteneder
Institut für Medienwissenschaft
Eberhard Karls Universität Tübingen
Tübingen, Deutschland

Olaf Kühne
Forschungsbereich Geographie
Eberhard Karls Universität Tübingen
Tübingen, Deutschland

Timo Sedelmeier
Fachbereich Geographie
Eberhard Karls Universität Tübingen
Tübingen, Deutschland

ISSN 2625-6991　　　　　　　ISSN 2625-7009　(electronic)
RaumFragen: Stadt – Region – Landschaft
ISBN 978-3-658-45930-7　　　ISBN 978-3-658-45931-4　(eBook)
https://doi.org/10.1007/978-3-658-45931-4

Die Deutsche Nationalbibliothek verzeichnet diese Publikation in der Deutschen Nationalbibliografie; detaillierte bibliografische Daten sind im Internet über https://portal.dnb.de abrufbar.

© Der/die Herausgeber bzw. der/die Autor(en), exklusiv lizenziert an Springer Fachmedien Wiesbaden GmbH, ein Teil von Springer Nature 2024

Das Werk einschließlich aller seiner Teile ist urheberrechtlich geschützt. Jede Verwertung, die nicht ausdrücklich vom Urheberrechtsgesetz zugelassen ist, bedarf der vorherigen Zustimmung des Verlags. Das gilt insbesondere für Vervielfältigungen, Bearbeitungen, Übersetzungen, Mikroverfilmungen und die Einspeicherung und Verarbeitung in elektronischen Systemen.
Die Wiedergabe von allgemein beschreibenden Bezeichnungen, Marken, Unternehmensnamen etc. in diesem Werk bedeutet nicht, dass diese frei durch jede Person benutzt werden dürfen. Die Berechtigung zur Benutzung unterliegt, auch ohne gesonderten Hinweis hierzu, den Regeln des Markenrechts. Die Rechte des/der jeweiligen Zeicheninhaber*in sind zu beachten.
Der Verlag, die Autor*innen und die Herausgeber*innen gehen davon aus, dass die Angaben und Informationen in diesem Werk zum Zeitpunkt der Veröffentlichung vollständig und korrekt sind. Weder der Verlag noch die Autor*innen oder die Herausgeber*innen übernehmen, ausdrücklich oder implizit, Gewähr für den Inhalt des Werkes, etwaige Fehler oder Äußerungen. Der Verlag bleibt im Hinblick auf geografische Zuordnungen und Gebietsbezeichnungen in veröffentlichten Karten und Institutionsadressen neutral.

Planung/Lektorat: Cori Antonia Mackrodt
Springer VS ist ein Imprint der eingetragenen Gesellschaft Springer Fachmedien Wiesbaden GmbH und ist ein Teil von Springer Nature.
Die Anschrift der Gesellschaft ist: Abraham-Lincoln-Str. 46, 65189 Wiesbaden, Germany

Wenn Sie dieses Produkt entsorgen, geben Sie das Papier bitte zum Recycling.

Inhalt

1 Einleitung 1

2 Kartographische Darstellungen als Medien und als
  Untersuchungsgegenstand medienbezogener Wissenschaften 7
  2.1 Räume, Orte, Medien und Kommunikation:
      interdisziplinäre Verschränkungen 8
  2.2 Multimediale kartographische Darstellungen 13

3 Geschichte kartographischer Darstellungen
  und deren theoretische Einordnung – ein Überblick 19
  3.1 Protokonventionelle Vorläufer der Kartographie 19
  3.2 ‚Traditionelle' Kartographie 20
  3.3 Kritische Kartographie 21

4 Projektionen, Maßstäbe und Koordinaten –
  oder wie transferiere ich einen dreidimensionalen Körper
  in die Ebene? 23
  4.1 Das Runde muss ins Flache – Projektionen, was sie leisten
      können – und was nicht 24
  4.2 Die Koordination kleinräumiger Darstellungen –
      das UTM-System 29

5 Kartographische Kodierung 31
  5.1 Vier Prinzipien der Kartographie 32
  5.2 ‚Dinge' abbilden und verständlich machen –
      die Sprache der Signaturen 32

5.3 Die Auswahl des ‚Relevanten' und der Umgang
     mit Darstellbarkeit mittels Generalisierung 35
5.4 Jenseits der klassischen Karte –
     neue Darstellungsmöglichkeiten 39

6 Macht und kartographische Darstellungen 41
   6.1 Macht – einige Grundüberlegungen 41
   6.2 Kartographie und politische Systeme 43
   6.3 Machtgebundenheit von Karten als konstitutives Element
        kritischer Kartographie 45
   6.4 Die Multidimensionalität der Relationen von Macht
        und kartographischen Darstellungen – ein Zugang
        auf Grundlage des semiotischen Modells 46
   6.5 Fallbeispiele zu Macht und Kartographie 50
        6.5.1 Kartographische Darstellungen und Farbsehstörung . . . 50
        6.5.2 ‚Wheelmap' als Ausdruck von
               Inklusionsbestrebungen 50
        6.5.3 Kartographische Operationalisierung militärischer
               Überlegungen – das Beispiel sowjetischer Karten
               von ‚Feindstaaten' 53
        6.5.4 Macht und Manipulation in der kartographischen
               Darstellung konkret – am Beispiel der Verteilung des
               Bruttoinlandsproduktes in der Europäischen Union 54
        6.5.5 Kartographische Darstellungen in Nachrichtenmedien –
               Migrationsbewegungen, Grenzen
               und Kriegsschauplätze 57

7 Die postkritische Kritik der kritischen Kartographie
   und die neopragmatistische Redeskription von Kartographie 63
   7.1 Neopragmatismus als Grundlage der Kritik
        der kritischen Kartographie 63
   7.2 Neopragmatistische Kartographie als Redeskription 65

8 Fazit 71

Literaturverzeichnis 75

Einleitung 1

Kartographie kann als Übersetzung von ‚etwas' in (s)einer räumlichen Anordnung in ‚etwas anderes' verstanden werden, welches das ‚etwas' in seiner räumlichen Anordnung darstellt, insbesondere in abstrahierter Form. Das Ergebnis dieser Übersetzung bestand in der Vergangenheit vor allem in einer zweidimensionalen Form aus Karten, später kamen dreidimensionale Formen (z. B. Reliefs) hinzu, und heute gewinnen auch virtuelle und erweiterte Realitäten an Bedeutung. Die Übersetzung basiert in der Regel auf veränderbaren technischen Konventionen. Die Entwicklung der Kartographie als Wissenschaft kann demnach als Versuch verstanden werden, die alltägliche Herausforderung zu meistern, sich in einem (materiellen) Raum orientieren zu können.

Kartographische Darstellungen sind jedoch mehr als bloße Werkzeuge zur Navigation oder Mittel zur Veranschaulichung (geographischer) Daten oder grundlegender Relationen. Sie sind (zunehmend multi-)mediale Konstrukte, die unsere Wahrnehmung von Räumen und Orten formen, Raumaneignungsprozesse beeinflussen und damit raumgenerierende Qualitäten haben. Medien als das ‚Dazwischenstehende' bzw. ‚in der Mitte befindliche' sind unmittelbar mit der Frage nach dem Raum und räumlichen (An-)Ordnungen verbunden. Aus der medialen Omnipräsenz kartographischer Darstellungen und deren Multimedialität ergibt sich jedoch eine weitere und damit doppelte Raum-Medien-Verflechtung: Kartographische Darstellungen können einerseits als besondere Form der Visualisierung (geographischer) Daten und damit als Medieninhalt gesehen werden, denen immer noch eine gewisse Objektivität zugesprochen wird. Andererseits sind diese Medieninhalte durch die Standortgebundenheit von Medien(-technologien) verortet – ihre Nutzung ist an einen bestimmten Ort gebunden – und situierend, d. h. die Inhalte und deren Rezeption verändern sich standortabhängig. Kartographische Darstellungen sind insofern multimedial, als sie sich durch erweiterte Darstellungs- und Vermittlungsmöglichkeiten auszeichnen und über verschiedene technische Kanäle und Plattformen zirkuliert werden. Sie

© Der/die Autor(en), exklusiv lizenziert an
Springer Fachmedien Wiesbaden GmbH, ein Teil von Springer Nature 2024
H. Atteneder et al., *Kartographische Darstellungen als mediale Konstrukte*, RaumFragen: Stadt – Region – Landschaft,
https://doi.org/10.1007/978-3-658-45931-4_1

werden nach wie vor auf Desktop-, aber überwiegend über mobile Endgeräte rezipiert, kommentiert und weiterverbreitet. Sie sind aber auch multimodal, da sie verschiedene Medienformen wie Text, Bild, Video und interaktive Elemente integrieren. Kartographische Darstellungen sind zentrales Element kommunikativer Aushandlungsprozesse in medialen Öffentlichkeiten. Beispielsweise waren interaktive Corona-Karten weltweit zur Visualisierung von Infektionsraten und -verläufen Teil der öffentlichen Diskussion und beeinflussten die Entscheidungsfindungsprozesse der zu ergreifenden Maßnahmen. Ebenso liefern kartographische Darstellungen des Kriegs in der Ukraine Echtzeitinformationen über Frontverläufe und geopolitische Entwicklungen und prägen damit die internationale Berichterstattung. Auch im globalen Diskurs um Umweltpolitik und Nachhaltigkeit spielen interaktive Karten, die die Auswirkungen des Klimawandels aufzeigen, eine Rolle.

Indem die Grenzen zwischen ‚production' und ‚usage' verschwimmen, entstehen neue Formen des ‚Kartographie Machens' (in Anlehnung an Werlens ‚Geographie Machens, 1999) und erweiterte Möglichkeiten einer ‚Produsage', indem multimediale kartographische Darstellungen beispielsweise mit Nutzer:innendaten verknüpft oder mit zusätzlichen Kontextinformationen und narrativen Elementen, beispielsweise historische Daten oder sozioökonomische Indikatoren, versehen werden können. Multimediale kartographische Darstellungen erfüllen damit spezifische Kommunikationsbedarfe, können affektgenerierend wirken und führen zu veränderten Medienpraktiken. Kartographie-Machen wird zur Medienpraktik. Das macht sie zu mächtigen kommunikativen Mitteln und Mittlern und eine Beschäftigung mit ihnen besonders relevant. Denn, was bereits für Papierkarten galt, gilt insbesondere für multimediale kartographische Darstellungen: sie bilden nicht ‚die Realität' ab, sondern spezifische Machtkonstellationen und Interessenslagen.

Das vorliegende Buch, „Kartographische Darstellungen als mediale Konstrukte – von Theorie, Kritik und Praxis zur neopragmatistischen Perspektive", widmet sich der umfassenden Analyse dieser Phänomene aus einer interdisziplinären Perspektive. In der Schnittmenge von Medienwissenschaft, Kommunikationswissenschaft, Humangeographie und Kartographie gibt dieses Buch einen Überblick darüber, wie das grundlegende Verhältnis zwischen (post-)kritischer Kartographie und medienbezogenen Wissenschaften theoretisch fruchtbar gemacht werden kann. Dabei werden die historischen Entwicklungen kartographischer Darstellungen ebenso beleuchtet wie multimediale Ansätze und die theoretischen Einordnungen, die diese Entwicklungen begleiten. Ein besonderes Augenmerk liegt auf der postkritischen Kartographie, die die Machtstrukturen und politischen Implikationen (kritisch) kartographischer Werke hinterfragt. Sie bietet eine neue Perspektive neopragmatistischer Theorie, die kartographische Praktiken ‚redeskribiert' und neue Wege der Interpretation und Anwendung aufzeigt. Knapp zusammengefasst, lässt sich Neopragmatismus als eine Synthese aus kontinentaleuropäischer Sprachphilosophie und US-amerikanischem Pragmatismus verstehen. Von der Sprachphilosophie übernimmt er die Auffassung, Welt sei sprachlich konstituiert und Welterzeugung erfolge in sich voneinander unterscheidenden und sich zumeist wechselseitig ausschließenden Sprachspielen/Diskursen/Vokabularen. Vom US-amerikanischen Pragmatismus stammt die Ausrichtung auf den Nutzen von Wissenschaft, die zur Lösung praktischer Probleme beitragen solle. Entsprechend dieser Maßgabe beschränkt sich der Neopragmatismus nicht auf die Dekonstruktion von Deutungen, Wertungen, Konzepten etc., sondern ist bemüht, aufgrund von gesellschaftlichen Veränderungen ‚brüchig' oder ‚altehrwürdig' gewordene Vokabulare, nicht einfach zu ersetzen, sondern jene Kompartimente, die für eine ‚Redeskription' nützlich sein können, quasi zu rezyklieren (Rorty 1997 [1989]; dazu auch: Kühne 2024; Müller 2021; Topper 1995). Der Neopragmatimus und seine Operationalisierung für Fragen (karto)graphischer Darstellungen erfolgt an späterer Stelle (Kapitel 7), die knappe Einführung hier hat zum einen zum Ziel, zu verdeutlichen, in welchem Kontext unsere Ausführungen münden werden, zum anderen wird im Laufe des Buches immer wieder auf diese Aspekte des Neopragmatismus rekurriert, was Kenntnisse seiner zentralen Aspekte voraussetzt.

Durch die Verknüpfung von Theorie, Kritik und Praxis sowie die Einbeziehung neopragmatistischer Ansätze soll dieses Buch zweierlei leisten: Erstens soll es ein kritisch-reflexives Verständnis auf kartographische Darstellungen fördern, indem es die wesentlichen Einflüsse auf individuelles Weltverständnis, als auch gesellschaftliche und politische Implikationen sichtbar macht und kritisiert. Auf einer Metaebene richtet sich diese Kritik auch gegen bestehende Paradigmen traditioneller und kritisch-kartographischer Ansätze. Zweitens ermöglicht die neopragmatistische Perspektive einen Zugang zur Kartographie, der nicht an der Kritik verhaften bleibt oder gar ein ‚canceln' kartographischer Darstellungen fordern würde, sondern deren ungebrochene Relevanz anerkennt. Eine neopragmatistische Perspektive sensibilisiert für die Machtstrukturen und Interessen, die in kartographischen Darstellungen eingebettet sind und sucht gleichzeitig nach praktischen Problemlösungsansätzen. In der Kartographie bedeutet dies, dass die nützlichsten und effektivsten Methoden und Darstellungen bevorzugt werden, unabhängig von traditionellen Dogmen. Dies führt zu einer praxisorientierten Verbesserung der Kartographie.

Kartographische Darstellungen sind medial nahezu omnipräsent, insofern erscheint eine Befassung mit ihnen sowohl aus Sicht der wissenschaftlichen Kartographie als auch der Medien- und Kommunikationswissenschaft relevant. Die oben genannten Beispiele zeigen, dass die fundierte Reflexion über die den multimedialen kartographischen Darstellungen zugrundeliegenden Machtverhältnisse eine zunehmend wichtige Kompetenz darstellt. Insofern richtet sich dieses Buch an alle, die immer schon Zweifel daran hatten, Karten repräsentierten ‚die Realität'. Angesprochen sind Master-Studierende sozial- und kulturwissenschaftlicher Studiengänge, die bisher wenig Berührungspunkte mit der Kartographie hatten, sowie Geographie- und Kartographie-Studierende, die nach einer theoretischen Einordnung ihrer praktischen Zugriffe und nach einem kompakten Überblick suchen. Das Buch bietet Einblicke in die Theorie und Praxis kartographischer Darstellungen und lädt dazu ein, Karten nicht nur als technische Artefakte zu sehen, sondern als komplexe multimediale Konstrukte. Das Buch schließt mit seinem interdisziplinären Ansatz eine Lücke im Lehr- und Handbuchsegment. Zum einen indem es Personen, die fachlich nicht aus der Medien- und Kommunikationswissenschaft kommen, die medienbezogenen Spezifitäten multimedialer kartographischer Darstellungen, wie ‚media environments‘, ‚affordances‘ oder die Logiken von Social Media, näherbringt. Zum anderen, indem es interessierten Personen, die einen Einstieg in aktuelle Ansätze der Kartographie suchen, einen kompakten Überblick über Geschichte, grundlegende Prinzipien, (De-)Konstruktionen und darüber hinaus über neopragmatistische Ansätze bietet.

Dieses Buch gliedert sich in die folgenden Kapitel, die die vielfältigen Aspekte kartographischer Darstellungen abdecken. Kapitel 2 untersucht kartographische Darstellungen als Medien und als Untersuchungsgegenstand medienbezogener Wissenschaften, wobei die interdisziplinären Verschränkungen von Räumen, Orten, Medien und Kommunikation im Vordergrund stehen. Kapitel 3 bietet einen historischen Überblick über die Entwicklung kartographischer Darstellungen und deren theoretische Einordnung, von den frühen Anfängen bis zur kritischen Kartographie.

In Kapitel 4 widmen wir uns den technischen Aspekten der Kartographie, insbesondere den Herausforderungen der Projektion, Maßstäbe und Koordinaten. Die praktische Anwendung dieser Konzepte und die kartographische Kodierung werden in Kapitel 5 thematisiert. Hierbei geht es um die Prinzipien der Kartographie, die Sprache der Signaturen und die Auswahl des Relevanten durch Generalisierung. Zudem werden neue Darstellungsmöglichkeiten jenseits der klassischen Karte und Methodologien zur Erforschung multimedialer kartographischer Darstellungen beleuchtet.

Kapitel 6 thematisiert die Machtgebundenheit kartographischer Darstellungen. Es wird aufgezeigt, dass der Anspruch der klassischen Kartographie, eine objektive Repräsentanz der Welt zu erzeugen, nicht eingelöst werden kann. Stattdessen sind kartographische Darstellungen stets mit gesellschaftlichen Implikationen verbunden. Die verschiedenen Dimensionen der Machtgebundenheit kartographischer Darstellungen werden an konkreten Fallbeispielen verdeutlicht.

In Kapitel 7 befassen wir uns mit der postkritischen Kritik der kritischen Kartographie und der neopragmatistischen Redeskription von Kartographie. Hier wird argumentiert, dass die kritische Kartographie nicht in der Lage ist, die traditionelle Kartographie vollumfänglich zu ersetzen, da diese notwendige Informationen zur Materialität bereitstellt. Ausgehend vom philosophischen Neopragmatismus wird eine kartographische Metatheorie entwickelt, die prototheoretische, traditionell kartographische und kritisch kartographische Perspektiven integriert.

Für weiterführende und ausführlichere Darstellungen zur Kartographie verweisen wir auf die Werke von Arnberger (1993), Dickmann (2018), Hennermann und Woltering (2014) sowie Kohlstock (2018). Unter besonderer Berücksichtigung der Datenvisualisierung empfehlen wir Fischer-Stabel (2018).

Einleitung

Einige Hinweise zur Sprache in diesem Buch:

- wir verwenden unterschiedliche Formen der gendersensiblen Sprache, wie z. B.: Gender-Sternchen (Kartograph*innen), Doppelnennungen (Kartographinnen und Kartographen), Tilden (Kartograph~innen) oder Gender-Doppelpunkt (Kartograph:innen), um eine inklusive und respektvolle Kommunikation zu fördern.
- Unter ‚kartographische Darstellungen' verstehen wir einen, in der Kartographie etablierten, Überbegriff, der die Vielfalt und Möglichkeiten geographischer Visualisierungen widergibt. Der Begriff beschreibt eine breite Palette von geographischen Visualisierungen, die über ‚traditionelle', zweidimensionale Karten hinausgeht und unterschiedliche Informationen und Perspektiven bieten kann. Um den Sprachstil zu variieren und wiederholte Ausdrücke zu vermeiden, verwenden wir dennoch in diesem Buch ‚Karte' oder ‚Kartendarstellung' synonym.
- Trotz kontroversieller Ansichten und nicht-einheitlicher Verwendung hat sich in der englischsprachigen Fachliteratur weitgehend die Unterscheidung zwischen ‚space' und ‚place' etabliert, wobei ersteres ein abstraktes, physisch-materielles, ‚neutrales' Konzept von Raum und zweiteres einen spezifischen Ort mit gewisser Bedeutung oder Identität beschreibt. Im Deutschen können ‚Raum' und ‚Ort' ähnliche Konzepte abdecken, aber die Unterscheidung zwischen abstraktem Raum und konkretem Ort ist oft weniger explizit und hängt stark vom Kontext ab. Wir sind uns der Ungenauigkeit der Übersetzung bewusst, verwenden dennoch Raum synonym zu ‚space', um einen physisch-materiellen, abstrakten Raum zu beschreiben, der durch Abstände zwischen Objekten oder Ideen definiert wird. Ebenso verwenden wir in diesem Buch Ort synonym zu ‚place', um einen Standort zu beschreiben, der eine spezifische Bedeutung hat, die sich durch soziale Interaktion, kulturelle Bedeutung oder individuelle Wahrnehmung (re-)konstruiert.

2 Kartographische Darstellungen als Medien und als Untersuchungsgegenstand medienbezogener Wissenschaften

Kartographische Darstellungen sind in vielfältiger Weise mit medialen Ausdrucksformen verbunden. Beispielsweise werden interaktive, App-basierte Kartenanwendungen wie Google Maps oder OpenStreetMap genutzt, um durch digitale Medien personalisierte Navigation und Echtzeitinformation zu bieten. Augmented Reality (AR) Anwendungen wie Pokémon Go kombinieren reale Umgebungen mit virtuellen Inhalten, indem sie Karten verwenden, um eine immersive Spielerfahrung zu schaffen. In Nachrichtenmedien werden häufig kartographische Visualisierungen verwendet, um komplexe Daten wie Wetterinformationen, Wahlergebnisse oder Krankheitsverbreitung anschaulich darzustellen und somit die Informationsvermittlung zu verbessern, während beispielsweise fiktionale TV-Serien und Filme GIS-Technologie nutzen, um die Verfolgung von Personen oder militärische Operationen authentisch darzustellen. Umgekehrt sind kartographische Praktiken – von der Sammlung der Datenbasis über die Kartenerstellung bis zur Nutzung von Karten zur Orientierung und Navigation – zunehmend an digitale Medien geknüpft. Daraus ergibt sich, dass die Nutzungs- und Aneignungspraktiken kartographischer Darstellungen nicht mehr wenigen Expert:innen vorbehalten sondern durch ihre Medienvermitteltheit im Alltag von nicht-Kartograph:innen angekommen sind. Basale Kartenlesekompetenz mit dem Zweck der Orientierung und Navigation ist nach wie vor relevant, erfordert durch die Mediendurchdrungenheit von Räumen und Orten ('mediatization of place', siehe beispielsweise bei Jansson und Falkheimer 2006) auf Seite der Nutzer:innen veränderte Dekodier-, Interpretations- und individuelle Anpassungsleistungen. Analog zu der in der Medien- und Kommunikationswissenschaft geforderten Dezentrierung der Medien, wie das beispielsweise in nicht-medienzentrierten (Krajina et al. 2014; Moores 2018) oder praxeologischen Ansätzen (Couldry 2004) gefordert wird, kann auch bei kartographischen Darstellungen nicht nur von deren Rezeption im Sinne eines passiven monokausalen Prozesses gesprochen werden, sondern von einer aktiven Aneignung und praktischen Nutzung verschiedener Medienformate zur

© Der/die Autor(en), exklusiv lizenziert an
Springer Fachmedien Wiesbaden GmbH, ein Teil von Springer Nature 2024
H. Atteneder et al., *Kartographische Darstellungen als mediale Konstrukte*, RaumFragen: Stadt – Region – Landschaft,
https://doi.org/10.1007/978-3-658-45931-4_2

vielfältigen Darstellung und Interpretation geographischer Daten und Informationen. Die Verschiebung von ‚Medienrezeption' zu ‚Medienaneignung' oder hin zu ‚Medienpraktiken' reflektiert eine Veränderung im Verständnis der Mediennutzung von passiven Konsumakten hin zu aktiven, kontextualisierten und kulturell verankerten Prozessen. Medienaneignung betont dabei die aktive Dimension der Nutzer:innen bei der Auswahl, Interpretation, Anwendung und Gestaltung von Medieninhalten und wie diese in alltägliche Kontexte integriert sind. Der Fokus auf Medienpraktiken erweitert den Blick über alltägliche Routinen, Ritualisierungen und individuelle Handlungen hinaus auf soziale und kulturelle Kontexte, in denen Medien konsumiert und genutzt werden sowie um die gesellschaftlichen Normen und Diskurse, die diese Praktiken prägen (vertiefend hierzu: Couldry 2004; Göttlich 2008; Hartmann 2008, 2013; Raabe 2008). Die Karte ist damit mehr als ein Repositorium, mehr als statische Repräsentation geographischer Information für Kommunikationszwecke; vielmehr unterstützen multimediale kartographische Darstellungen die Konstruktion individueller Raumontologien (Abend und Harvey 2015).

2.1 Räume, Orte, Medien und Kommunikation: interdisziplinäre Verschränkungen

Um zu verstehen, warum ein tieferes Verständnis für kartographische Darstellungen und ihre Implikationen für die Medien- und Kommunikationswissenschaft relevant ist, ist es wichtig, das grundlegende Verhältnis zwischen Räumen, Orten und Medien bzw. Kommunikation zu beleuchten. Aspekte der Ortsbezogenheit von Medientechnologien auf der einen, und der Mediatisierung geographischer Phänomene auf der anderen Seite haben zur Etablierung einer ‚Brücke' (Adams und Jansson 2012) bzw. eines interdisziplinären Forschungsfeldes zwischen Medien- und Kommunikationswissenschaft und Humangeographie geführt. Dieses Forschungsfeld ist weder aus disziplinärer Nähe begründet, noch speist es sich aus einheitlichen theoretischen und begrifflichen Konzepten oder einem einheitlichen, abgeschlossenen Rahmen. Vielmehr sind es geteilte Interessensbereiche, häufig aus sozio-technologischen Entwicklungen begründet, die zu einer Hinwendung zur jeweils anderen Disziplin führen. Der ‚spatialization of media' (Jansson und Falkheimer 2006), also beispielsweise die durch GPS-Sensoren ermöglichte Echtzeitverortung digitaler Medien, steht eine ‚mediatization of place' (Jansson und Falkheimer 2006), also eine zunehmende Mediendurchdrungenheit (Mediatisierung) von Räumen und Orten gegenüber.

Aus diesem Spannungsfeld heraus ergeben sich unterschiedliche begriffliche und konzeptuelle Bemühungen, medial-räumliche und räumlich-mediale Phänomene zu fassen. Der folgende Überblick ist weder vollständig, noch können die einzelnen Konzepte detailliert besprochen werden. Vielmehr sollen Konturen eines diversen, interdisziplinären Forschungsfelds aufgezeigt werden:

In den Kultur- und Sozialwissenschaften wurde ein sogenannter ‚spatial turn' (Bachmann-Medick 2009; Döring und Thielmann 2009b; Hipfl 2004) diskutiert. Daraus ging in Abgrenzung an stärker kommerzialisiert gedachte location-based-services, der aus der Medienkunst stammende Begriff der ‚locative media' (Buschauer und Willis 2013; Goggin und Hjorth 2009; Saker und Evans 2016) hervor, der speziell in der Medien- und Kommunikationswissenschaft Anklang fand und nicht als Ensemble spezieller Technologien, sondern mit Anleihen an Bourdieu als Feld kultureller (Re-)Produktion verstanden werden sollte (Zeffiro 2012). In einem ebenfalls breiteren, nicht auf spezifische Technologien beschränkten Verständnis lässt sich auch ‚MediaSpace' einreihen, als „a dialectical concept, encompassing both the kinds of spaces created by media, and the effects that existing spatial arrangements have on media forms as they materialize in everyday life. Like cyberspace, the kind of space defined by this concept is a curious, multidimensional one" (Couldry und McCarthy 2004, S. 2).

In der Geographie verweisen Konzepte wie ‚spatial media' (Elwood und Leszczynski 2013; Kitchin et al. 2017), ‚spatial media/tion' (Leszczynski 2015) ein ‚medial-' oder ‚communication turn' (Adams 2009) auf eine Hinwendung zu Medien und Kommunikation. Kommunikation als Analysekategorie und Leitnarrativ würde das Prozesshafte betonen: „now communication is seen to form the constantly shifting surface on which geographical observations are made whole, given the coherence that once was thought to be provided by the ‚earth surface' or place [and that] is now ‚discourses' and ‚practices'" (Adams 2009, S. 11). In einem ‚digital turn' (Ash et al. 2016, 2019) werden Fragen danach verhandelt, ob Prozesse der Digitalisierung eine Adaption raumtheoretischer Konzepte erforderlich machen (als Überblick beispielsweise Bauder 2021). Das Spektrum der Denkrichtungen reicht von der Frage, inwiefern digitale Medientechnologien zu einer (getrennten) Modifizierung und Überlagerung bestehender Räume, beispielsweise als ‚Hybrid Space' (de Souza e Silva 2006) führen, hin zu der Annahme, dass es zu einer grundlegenden Änderung von Raumproduktionsprozessen kommt, wie sie in Ansätzen von ‚Code/Space' (Kitchin und Dodge 2011) oder ‚Atmospheres' (Ash 2013; Griffero 2014; Sumartojo und Pink 2019) konzeptualisiert wird. ‚Atmospheres' bezieht sich in der Konzeption von Ash (2013) auf die Gesamtheit digitaler Signale, deren affektive Komponenten und die (Un-)Möglichkeiten menschlicher Perzeption derselben. Die Tradition deutschsprachiger Atmosphärenforschung (beispielsweise Hasse 2017; Kazig 2024) nimmt eine phänomenologische Perspektive auf menschliche Sinnlichkeit und Leiblichkeit ein und ist damit raumtheoretisch ergänzend zu oder jenseits von basalen Konstruktivismen angesiedelt. Beide Konzepte, ‚Code/Space' und ‚Atmospheres', betonen die komplexe Beziehung zwischen digitalen Technologien (z. B. Software und Code), physischen Räumen und Strukturen sowie kognitiv-perzeptiven Prozessen und zeigen, wie diese Interaktionen die Handlungsspielräume menschlicher und nicht-menschlicher Akteur:innen beeinflussen.

Die ‚Mediatisierung der Geographie' und ‚Geographisierung der Medien' wird auch unter dem Schlagwort ‚Mediengeographien' (Adams 2009; Döring und Thielmann 2009a) oder ‚Geomedien' verhandelt. ‚Geomedien' beschreibt keinen klar umrissenen Gegenstandsbereich, sondern fungiert vielmehr als Sammelbegriff für eine Vielzahl an Phänomenen und Konzepten, was nicht gerade zur Begriffsschärfung beiträgt (Abend und Atteneder 2021). Die Definitionen von Geomedien variieren stark: Technisch orientierte Auffassungen fokussieren auf die Konvergenz von Technologien und deren Anwendungsmöglichkeiten (Lapenta 2011; Thielmann 2007, 2010). Ein breites Begriffsverständnis beschreibt Geomedien als „any media that uses the spatial localisation of information" (Gryl und Jekel 2012, S. 22), die zu unterschiedlichen Formen der (unreflektierten) Raumwahrnehmung und -aneignung und daher zu einer Kontextualisierung von Kommunikation führen (Gryl und Jekel 2012). Zudem werden Geomedien als „socio-technological condition" (McQuire, 2016) betrachtet, oder als relationales, dialektisches Konzept, das die grundlegende Rolle von Medien bei der Organisation und Bedeutungsgebung von Prozessen und Aktivitäten in Räumen erfasst (Fast et al. 2018). Alternativ beschreibt Jansson (2022) Geomedien als „environmental regime" (Jansson 2022): „What is new about geomedia, then, is that our life environment to a lesser degree contains easily identifiable technologies with clearly demarcated affordances. Dwelling under geomedia (as a regime) is to dwell in and with a volatile environment whereas media to a greater extent are entangled, even fused with other materials as well as with our own bodies." (Jansson 2022, S. 47–48). Mit Rekurs auf sozialkonstruktivistische Mediatisierungstheorien (Jansson 2013; Krotz 2007; Steinmaurer 2016) und SCOT (social construction of technology)-Perspektiven beschreibt schließlich der Begriff der ‚Geomediatisierung' die zunehmende Abhängigkeit von Geomedientechnologien in verschiedenen Lebenssphären als ein soziales Regime, in dem Mensch, Medien und Raum einander wechselseitig beeinflussen. Diese Sichtweise hinterfragt die Neutralität geospatialer Technologien und zeigt, wie soziale und räumliche Praktiken entsprechend adaptiert und normalisiert werden.

Die Implikationen der genannten Ansätze für eine Analyse multimedialer kartographischer Darstellungen ergeben sich aus den folgenden Gemeinsamkeiten. Zum einen ist das der Verweis auf implizite Relationalitäten von Medien, Räumen und Orten und deren Bezug zu geographischen Machtkonstellationen. Daraus ergibt sich eine konsequente Berücksichtigung struktureller Verbindungen, also die Anerkennung der irreduziblen Materialität von Technologien und ihrer (An-)Ordnung im physisch-geographischen Raum. Technologien wird den oben genannten Absätzen zufolge eine gewisse Handlungsmacht zugestanden. Gleichzeitig aber, und das ist besonders wichtig, in einem nicht-technodeterministischen Verständnis, sondern als Teil individueller und gesellschaftlicher Aushandlungsprozesse.

Aus den oben genannten theoretischen Ansätzen und ihren Implikationen ergeben sich verschiedene Forschungsperspektiven, die schematisch bei Adams und Jansson als Quadranten beschrieben werden (Adams 2010, 2018; Adams und Jansson 2012). Das Modell dient sowohl der Perspektivierung bestimmter Phänomene oder Gegenstandsbereiche auf Objektebene (beispielsweise als Analysetool um un-

Abb. 1 Schematisches Modell zur Analyse der Überschneidungsbereiche zw. Räumen, Orten, Medien und Kommunikation (eigene Darstellung nach Adams 2010, 2018; Adams und Jansson 2012).

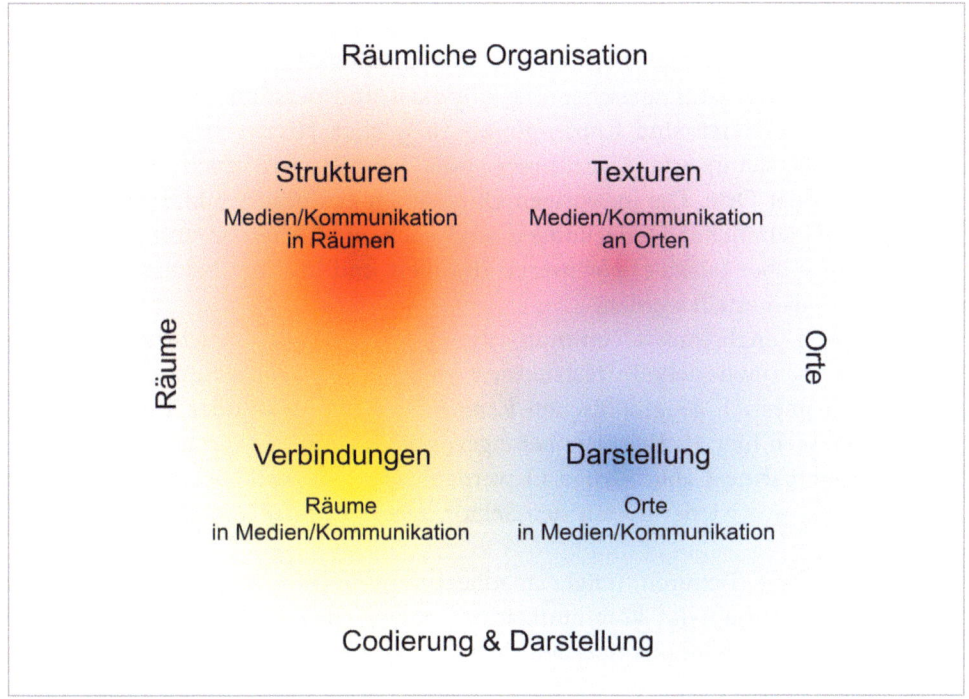

terschiedliche Blickwinkel auf eine bestimmte digitale Kartenanwendung sichtbar zu machen), als auch der Erschließung der des Forschungsinteresses zugrundeliegenden Ontologien auf Metaebene. Basierend auf der grundlegenden Konzeption von Adams und Jansson (Adams 2010, 2018; Adams und Jansson 2012) ergänzt die folgende Beschreibung des Modells weitere Verweise und Beispiele:

- Der Sektor ‚Darstellung' (engl.: ‚places in media/communication') verweist auf mediale Repräsentationen von Räumen und Orten. Darstellungen von Tourismusdestinationen auf Instagram oder auch thematische kartographische Darstellungen von Territorialität und Raum können hier als Beispiele genannt werden. Neben der, häufig bildlichen, Darstellung von Orten sind auch in bildbeschreibenden Elementen räumliche Referenzen möglich. Einerseits in Form von Metadaten digitaler Fotografien, die, sofern aktiviert, GPS-Daten und Kameraspezifikationen, Datum, Uhrzeit und eine Fülle an weiteren Informationen beinhalten und über das Standardfileformat EXIF (exchangeable image file format) ausgelesen werden können. Andererseits über textbasierte Bildbeschreibungen, Hashtags oder

@-Verweise. Beides, also sowohl Metadaten als auch Bildbeschreibungen können verfälscht und (bewusst) irreführend gestaltet sein (Dorsch und Reithmeier 2021).
- Der Quadrant ‚Verbindungen' (engl.: ‚spaces in media/communication') verweist auf die räumliche Struktur der ‚connections', also Verbindungen zwischen einzelnen ‚Knotenpunkten'. Das Dispositiv der kommunikativen Dauervernetzung (Steinmaurer 2013) speist sich aus den funktionalen sozialen Kontexten und Vernetzungen organisatorischer Zugehörigkeit und persönlicher Bekanntschaft. Nicht nur Personen sind Knotenpunkte in solchen Netzwerken, sondern auch non-human Actors wie Algorithmen, oder beispielsweise auch Themen, Institutionen oder Orte. Die im vorigen Quadranten erwähnten bildbeschreibenden Elemente räumlicher Darstellungen sind such- und filterbar und können beispielsweise über (soziale) Netzwerke zirkuliert und in ihren Bezugspunkten als Netzwerk dargestellt werden.
- ‚Strukturen' (engl.: ‚media/communication in spaces') oder ‚structures' beleuchtet die technisch-materielle Infrastruktur von Medientechnologien und ihre Anordnung im physisch-geographischen Raum. Serverstandorte oder Tiefseeinternetkabel können hier als Beispiele herangezogen werden. Auf der ‚submarinecablemap' (Submarine Cable Map o. J.) werden diese Internetkabel auf einer Karte dargestellt, was wiederum auf den Sektor ‚places in media/communication' verweist.
- Der Quadrant ‚Texturen' (engl.: ‚media/communication in places'), oder auch ‚textures' beschreibt das ‚kommunikative Gewebe', das zwischen den strukturellen Eigenschaften des Raums und den räumlichen oder kommunikativen Praktiken, die den Raum neu (re-)produzieren, vermittelt (Jansson 2007). Zentral ist die Bedeutung von Orten (also ‚places' in ihrem sozialkonstruktivistischen Verständnis) als Kumulation von konstruierten lokalen Ortsbedingungen, die über kommunikative Praktiken laufend neu verhandelt wird. Orte werden zur Botschaft (‚place as a message'; beispielsweise bei Rodriguez-Amat und Belinskaya, erscheint in Kürze) die nicht objektiv festgeschrieben ist, sondern individuellen Interpretations- und Dekodierleistungen unterliegt. Kirchen oder andere religiöse Stätten sind ein gutes Beispiel, das zeigt, wie stark angemessenes Verhalten auf implizitem Wissen basiert und wie kommunikative Praktiken in ritualisierter Form die ‚Kirche als heiligen Ort' reproduzieren. Laute Telefonate wären ebenso tabu wie exzessives Fotografieren in als unpassend wahrgenommenen Situationen.

Das Quadrantenmodell (Adams 2010, 2018; Adams und Jansson 2012) legt Lefebvres dialektisches Raumverständnis zwischen gestaltetem Raum (‚espace conçu') und wahrgenommenem Raum (‚espace perçu') zugrunde, die im gelebten Raum (‚espace vécu') aufgehen (Lefebvre 1974; in der Interpretation der Dialektik beispielsweise bei Rogers 2002). Allerdings spannen Adams und Jansson (Adams 2010, 2018; Adams und Jansson 2012) *zwei* dichotome Achsen auf: einmal zwischen ‚Space' vs. ‚Place' (siehe hierzu auch Tuan 2001), also zwischen dem physisch-materiellem Raum und dem sozial konstruierten Raum und einmal zwischen ‚Spatial Organization' und ‚Coding und Representation'. Bezugnehmend auf das Konzept ‚Code/Space' (Kitchin und Dodge 2011) werden in Adams Modell die raumproduzierenden Qualitäten von Software und Code berücksichtigt. Adams (2018) betont die dialektische Verbindung zwischen den (scheinbaren) Gegensätzen und stellt den Anspruch, die Quadranten nicht als essentialistisch, sondern als fließendes Ordnungsschema zu betrachten. Der Fokus sollte nicht auf einer strengen Unterteilung, sondern auf das Dazwischenliegende gerichtet sein (Adams 2010, 2018; Adams und Jansson 2012).

Eine Konsequenz aus dem Quadrantenmodell ist, dass die Analysekategorien Raum und Medien jeweils nicht als ‚statische Behälter' gesehen werden können. Medien sind keine ‚Träger' für die Repräsentation geographischer Zusammenhänge. Ebenso wenig sind Räume unveränderliche Behälter, in denen soziale Interaktion stattfindet.

Zurückkommen auf kartographische Darstellungen und ihre multiplen Verbindungen zu Medien (in ihren unterschiedlichen Manifestationen) wird durch das Modell deutlich, dass der alleinige Fokus auf Repräsentationen als Erklärungsansatz unzureichend ist. Der Quadrant ‚places in media/communication', also die medialen Repräsentationen von Räumen und Orten bzw. die Visualisierung von (Geo-)Daten ist nur *ein* möglicher Blickwinkel, der um weitere Perspektiven ergänzt werden muss. Die vielfältigen Verschränkungen zwischen Medien(-technologien) und kartographischen Darstellungen sollen im nächsten Abschnitt unter dem Begriff ‚multimediale kartographische Darstellungen' erläutert werden.

2.2 Multimediale kartographische Darstellungen

Wie Räume und Orte *erzeugt* werden, also die Frage nach (visueller) (Re-)Konstruktion, bedarf immer der Berücksichtigung sozialer (Re-)Produktionspraktiken wie den Nutzungs- und Aneignungsprozessen (Brantner 2018). Kartographische Darstellungen sind nicht nur als statische Visualisierungen zunehmend medial vermittelt, sie durchlaufen durch mediengestützte flexible Produktion, Distribution und Nutzung eine Metamorphose. Kartenanwendungen sind zu komplexen digitalen Produkten geworden, sind beispielsweise als sogenannte ‚map-mash-ups' mit und durch Medientechnologien verknüpft und damit Teil medialer ‚Konvergenzen' (Jenkins 2006). Kartographische Darstellungen sind multimedial, als sie über verschiedene technische Kanäle und (mediale) Plattformen zirkuliert werden, und auch häufig multimodal, indem sie verschiedene mediale Formen und Modi vereinen (beispielsweise sowohl visuelle, auditive oder auch interaktive Elemente). Über den jeweiligen Zugang zu unterschiedlichen medialen Darstellungsformen, ändert sich der Blickwinkel auf, oder besser gesagt ‚in' Karten. Den eigenen Standort auf gedruckten Papierkarten zu finden, bedarf grundlegender Kartenlesekompetenzen, die beispielsweise bei Stadtüberblickskarten an feststehenden Standorten durch die ‚Sie sind hier'-Markierung unterstützt werden. Kartographische Anwendungen auf mobilen, vernetzten, GNSS (Global Navigation Satellite System)-fähigen Endgeräten, die den Gerätestandort als blauen Punkt zeigen, sind nicht nur Produkt technologischer Konvergenzen, sondern unter dem Gesichtspunkt einer ‚remediation' (Bolter und Grusin 2000) eine Form der Umgestaltung der klassischen Papierkarte. ‚Remediation' beschreibt den Prozess der Restrukturierung bestehender medialer Formen durch Hommagen an und Anleihen aus anderen medialen Formen. So wie die Fotografie die perspektivische Malerei remediiert hat, haben digitalisierte Karten oder ‚Geobrowser' die klassische Papierkarte, Atlanten oder analoge Globen remediiert. Anleihen aus anderen medialen Formen kommen aus digitalen games (immersive view, ‚gamification') (Calleja 2011), Social Media (Interaktions- und Kommentarfunktionen) oder AR-Anwendungen (individualisierte Nutzer:innenperspektive). Durch die Veränderung der Nutzer:innenperspektive verlagert sich die Weltsicht von einer logozentrischen zu einer egozentrischen (Abend und Harvey 2015). Dieser Vorgang lässt sich im Sinne des Neopragmatismus (siehe ausführlicher Kapitel 7) auch als ‚Redeskription' verstehen: Es werden Zugänge zu Welt, die aktuellen gesellschaftlichen Bedingungen nur mehr in Teilen entsprechen, mit neuen Zugängen ‚verwoben' (Rorty 1997 [1989]). Dieser ‚shift' hat weitreichende Konsequenzen insofern, als kartographische Darstellungen zu einem immersiven Umfeld der Nutzer:inneninvolvierung werden. Die vernetzte digitale Verbreitung geographischer Informationen in konsumorientierten Medienumwelten führt zu signifikanten Veränderungen in der Art und Weise, wie Menschen Raum und Ort individuell und kollektiv erleben und (re-)produzieren. Basale Navigationspraktiken sind interaktiv und individualisiert und werden durch zuvor gespeicherte Nutzer:innenpräferenzen zu individuellen Topographien (Abend und Harvey 2015) indem bspw. Bilder auf einer individualisierten Karte dargestellt werden können. Die Karte wandelt sich vom Objekt zur ‚experience', die wiederum über Social Media zirkuliert und bewertet und damit in Wert gesetzt werden kann. Kartographische Darstellungen fungieren als Schnittstellen zwischen einem abstrakten Raum und einem Ort, der mit individuellen Bedeutungsebenen aufgeladen wird. Dabei gilt der Standort der Nutzer:innen auf einer anderen, für die Nutzer:innen weniger offensichtlichen Ebene, als kommerzialisierter Raum: Über eine Vielzahl an smartphonebasierten Medienanwendungen werden neben allgemeinen Nutzungsdaten auch Standortdaten der Anwender:innen gesammelt, ausgewertet und über locational data broker verkauft (Forbrukerrådet 2020). Die Interaktion der Nutzer:innen mit Karten als Interfaces wird zur höchst kommerzialisierten Praktik der permanenten Selbst- und Fremdverortung indem Verhaltensdaten der Nutzer:innen als kumulierter Ausdruck von Machtverhältnissen zwischen den jeweiligen APIs der Applikationen zirkuliert und mit den angebotenen Services in Beziehung gesetzt werden (Atteneder 2022). Während es möglich ist über das Smartphone, vorausgesetzt der technischen Funktionalitäten, von (fast) jedem beliebigen Ort aus erreicht zu werden, mit anderen zu kommunizieren und große Distanzen zu überwinden, sind diese Interaktionen immer auch orts- und situationsbezogen und hinterlassen Datenspuren. Phänomene der Echtzeitkonnektivität und der permanenten Standortverfolgung sind Teil einer fortgeschrittenen Datenökonomie, in der Verhaltensdaten zur Optimierung der Vorhersagequalität des Konsumverhaltens verwertet werden (Christl und Spiekermann 2016; Couldry und Mejias 2019; Zuboff 2019).

Kartographische Darstellungen sind somit Teil komplexer Medienumgebungen oder Medienumwelten. Eine Perspektive, die bezogen auf den Begriff ‚geomedia' als ‚environmental view' (Parmett und Rodgers 2018) bezeichnet wird. Damit sind sie auch Teil der Besitz- und Eigentumsverhältnisse von Medien und Medieninstitutionen und mit medienökonomischen Aspekten verstrickt. Diese Makroperspektive ergänzend bedeutet eine ‚environmental view' auf individueller (Mikro-)Ebene auch, dass sich die Nutzungs- und Aneignungspraktiken kartographischer Darstellungen verändern. Kartographische Darstellungen sind in ihrer Multimedialität an unterschiedlichste mediale Formen gekoppelt, den Logiken sozialer Medien unterworfen (van Dijck und Poell 2013) oder durch andere technisch-mediale Bedingungen, sogenannte ‚Affordances' (Nagy und Neff 2015; Turner 2005; Zillien 2009), überformt. Die Veränderung der Karte – von einer vorab festgeschriebenen zweidimensionalen Fläche zu einer komplexen Medienumgebung – wirkt sich auf die basalen Funktionen, die eine Karte erfüllen soll, aus. Die Nutzung kartographischer Darstellungen „is therefore not reducible to dynamic and interactive acts of navigation and wayfinding but involves more affective forms of media consumption" (Abend und Harvey 2015, S. 4). Entlang eines nicht-repräsentationalen Begriffsverständnis von Affekt (Grossberg 1988; Massumi 2002; Williams 2015) werden multimediale kartographische Darstellungen zu affektiven Medien, wenn sie mit den emotionalen Zuständen der Nutzer:innen verbunden sind. Karten werden dann beispielsweise zum Anlassfall einer überhitzten medialen Debatte, zum Medium persönlicher Erinnerungen (Frith und Kalin 2015), zum Narrativ (Frith und Richter 2021) oder zum Tool des Storytellings (Ozkul und Gauntlett 2014). Damit einher geht die fundamentale Kritik des kartographischen Kernanliegens einer (objektiven) Repräsentation des physisch-materiellen Raums und der Anspruch ein ‚nicht-repräsentationales' (Johnson 2011; Thrift 2008) bzw. ‚mehr-als-repräsentationales' (Lorimer 2005; Schurr, 2014) raumtheoretisches Verständnis zu etablieren. Raum und Zeit sind entlang dieses, auch als ‚more than human geography' bezeichneten, Paradigmas nicht als linear und absolut zu konzeptualisieren (siehe hierzu auch Kapitel 7 zur neopragmatistischen Redeskription der Kartographie). Vielmehr liegt der Fokus auf den relationalen (Re-)Konstruktions- und Entstehungsprozessen (Greenhough 2014; Panelli 2010), die im Sinne eines neopragmatistischen Verständnisses als Rezyklierung verstanden werden, bei der ‚altehrwürdig' gewordene Vokabulare nicht einfach durch neue ersetzt, sondern deren Bestandteile wiederverwendet und in neue Sprachsysteme integriert werden (Rorty 1997[1989]). Dem liegt die Einsicht zugrunde, dass die Untersuchung von Repräsentationen (beispielsweise des Raums) nur ein unzureichendes Verständnis davon liefert, wie Menschen (und ebenso nicht-menschliche Akteure) das Leben im Raum erleben und verarbeiten. Dass dabei große Teile der gelebten Erfahrung auf der Strecke bleiben, ist Gegenstand der Kritik am ontischen Status des Mappings als Umwandlung der Raumerfahrung in Repräsentationen. Doreen Massey schreibt beispielsweise, wie der Raum in der (westlichen) Kartographie zu einer statischen Darstellung wurde, frei von Unsicherheiten und prozeduralem Wissen, von menschlichen Bewegungen und Verschiebungen. Sie fragt, was es bedeutet, durch den Raum zu reisen, und argumentiert, dass es sich dabei nicht um eine Aktivität der einfachen Durchquerung des Raums handelt, sondern um einen Akt, der einer Koproduktion von Raum näherkommt: „You are not just travelling *through* space or across it, you are altering it a little. Space and place emerge through active material practices. Moreover, this movement of yours is not spatial, it is also temporal." (Massey 2005, S. 118). Die hier angedeutete Kritik behauptet, dass durch die Absage an jegliche Form von Bewegung, die zeitliche Dimension der Raumerfahrung vernachlässigt werde, weil im repräsentationalen Denken nur Wissen berücksichtigt werden kann, das sich in eine stabile und präsentable Form übersetzen lässt. Und das trotz der Tatsache, dass Bewegung durch Raum und Veränderung in der Zeit als die produktiven Triebkräfte hinter der Produktion von Raum identifiziert werden (Turnbull 2007). Tim Ingold nennt dies die Logik der Umkehrung, und benennt damit einen für ihn zentralen Prozess des modernen Denkens, durch den Wege in Grenzen, Bewegungen in Punkt-zu-Punkt-Verbindungen und das Weggehen in Transport verwandelt wird (Ingold 2008). Affekte, als Teil der individuellen Raumerfahrung, bleiben hier ebenso außen vor. Die Fokussierung auf visuelle Aspekte ist tief in modernistischem Denken verwurzelt, weil dadurch eine scheinbare Objektivität und Präzision entsteht, die sich leicht quantifizieren und in ein kohärentes System einfügen lässt. Latour (1993) beispielsweise kritisiert, dass die moderne Welt auf einer Trennung zwischen Natur und Kultur basiert, die durch Repräsentationssysteme wie Karten, Diagramme und andere visuelle Hilfsmittel aufrechterhalten wird und dadurch die vielfältigen Akteure und Netzwerke, die an der Produktion von Wissen und an der Gestaltung der Welt beteiligt sind, unsichtbar macht (Latour 1993). Kartographische Darstellungen als spezielle Form der Visualisierung von (Geo-)Daten besitzen die Fähigkeit, große Mengen an Informationen übersichtlich und scheinbar neutral darzustellen (siehe hierzu auch Brantner 2018; Dodge 2014). Dies schafft eine Illusion der Vollständigkeit, die jedoch oft selektiv und von spezifischen Interessen geleitet ist. Durch die Betonung auf das Visuelle wird die Komplexität der Raumerfahrung auf einfache, zweidimensionale Repräsentationen reduziert, die das Leben im Raum auf messbare und sichtbare Parameter beschränken und eine scheinbare Trennung zwischen Subjekt und Objekt, Beobachter:in und Beobachtetem befördern, die nicht existieren kann. So wird das Visuelle zur dominanten Methode der Raumrepräsentation, die andere sinnliche und affektive Dimensionen des Raumerlebens ausblendet.

Anschlussfähig sind hier Theoriebausteine aus der Medien- und Kommunikationswissenschaft, die eine Dezentrierung der Medien, also eine Abwendung von einer klassischen Repräsentations- oder Inhaltsforschung fordern (Krajina et al. 2014; Moores 2018; Morley 2008) und den Fokus auf Infrastrukturen und Materialität

(Boczkowski und Lievrouw 2008; Lievrouw 2014), auf Handlungen (Couldry 2004) und Performativität legen. Auf Ebene von Repräsentationen kann die räumliche (Alltags-)Erfahrung nur als mediales Übersetzungsproblem untersucht werden, als das Ergebnis einer Übertragung unserer gelebten und unmittelbaren Erfahrung der Welt in eine mediale Form. Dennoch erkennt die mittlerweile gängige ‚mehr-als-repräsentationale' Sichtweise an, dass ‚nicht-repräsentational', also eine komplette Ausklammerung der repräsentationalen Ebene, kaum möglich und auch nicht erstrebenswert ist, schließlich ist unsere Sprache stark repräsentationalistisch geprägt und Versuche, neue Sprachen zu kreieren, wiesen bis dato einen überschaubaren Erfolg auf (Rorty 2023). Repräsentationen sind allerdings weniger als prä-fixierte, in den Medien zirkulierende Raumdarstellungen zu denken, weder als Anfang noch Endpunkt medialer Übersetzungsprozesse, sondern immer nur als Zwischenstadium, das sich durch die verknüpften Praktiken und Operationen laufend verändert (November et al. 2010).

Übertragen auf multimediale kartographische Darstellungen liegt der Schluss nahe, dass Medien nicht als ‚Träger' für fixierte Raumrepräsentationen fungieren oder diese über digitalisierte Netzwerke zirkulieren. Vielmehr haben multimediale und interaktive Kartendarstellungen raumproduzierende Qualitäten, indem sie den Zugang zu und die Wahrnehmung von Räumen und Orten als Ergebnis von konkreten Interaktionen mit diesen Technologien sozio-technologisch immer wieder neu organisieren (Abend und Atteneder 2021). Mit diesem Verständnis einer geht die Annahme, dass technologische Artefakte Teil eines Netzes verschiedener Aketeur:innen sind und ihnen daher eine gewisse Handlungsmacht (siehe auch Kapitel 3.3 zu kritischer Kartographie) zugestanden werden muss, wie das beispielsweise in Ansätzen der Akteurs-Netzwerk-Theorie (Latour 2005) vertreten wird (Diskussionen des Ansatzes in der Medien- und Kommunikationswissenschaft beispielsweise bei Couldry 2006; Jung et al. 2021; Thielmann und Schröter 2014). Kartographische Darstellungen sind Produkte und Produzenten bestimmter Machtgeometrien, eine Aussage, die sowohl auf herkömmliche ‚Papierkarten' als auch auf multimediale kartographische Darstellungen zutrifft. Die Einbeziehung multimedialer Prozesse in die Produktion, Verbreitung und Rezeption von Karten führt jedoch nicht nur zu einer erhöhten Komplexität der Machtstrukturen, sondern trägt auch zu deren Verschleierung bei. Die Betrachtung der aktuellen mediatisierten Praktiken kartographischer Darstellungen offenbart grundlegende Veränderungen in der Wahrnehmung und in den Nutzungsoptionen von Räumen und Orten. Mit Blick auf die historische Entwicklung der Kartographie lassen sich Entwicklungslinien und (Dis-)Kontinuitäten, also evolutionäre und kulturelle Kontexte besser verstehen. Der folgende historische Rückblick ermöglicht es, die heutigen kartographischen Praktiken in einem umfassenderen epistemologischen Kontext zu betrachten.

Geschichte kartographischer Darstellungen und deren theoretische Einordnung – ein Überblick

3

Die Entwicklung von kartographischen Darstellungen gliedern wir in vier Ebenen: Ebene eins, die protokonventionellen Vorläufer (Kapitel 3.1), Ebene zwei, die ‚traditionelle' Kartographie (Kapitel 3.2), Ebene drei, die kritische Kartographie (Kapitel 3.3) und Ebene vier, die postkritische Kartographie, wobei diese postkritische Kartographie nicht in diesem Kapitel sondern in Kapitel 7 gesondert dargestellt wird, da diese Ausführungen auf Überlegungen beruhen, die es zunächst darzulegen gilt.

Das Auftreten der Ebenen erfolgt zwar in dieser Reihenfolge chronologisch, doch sind diese nicht als ‚Paradigmen' im Sinne von Kuhn (1970) zu verstehen, gemäß dessen ein Paradigma brüchig und durch ein anderes abgelöst wird, sondern eher im Sinne des Hervortretens einer neuen Emergenzebene, d.h. es entstehen neue Logiken im Umgang mit Welt, die nicht aus den Eigenschaften der zugrunde liegenden Ebene(n) unmittelbar abzuleiten sind (Parsons 1951). So bleiben bis heute protokonventionelle, traditionelle und kritische Perspektiven auf (karto)graphische Zugriffe auf Welt aktiv, auch wenn die Emergenz einer postkritischen Kartographie und neopragmatistischen Kartographie entwickelt wurde (siehe Abschnitt 7.2). Die folgenden Ausführungen der Entwicklung der Kartographie und ihre theoretische Einordnung sind stark kondensiert (ausführlichere Befassungen zur Kartographiegeschichte finden sich etwa bei: Bagrow 2017; Edney 2019; Laxton 2002; Schneider 2004). Ihre Interpretation basiert weitgehend auf den Überlegungen zur Entwicklung einer postkritischen Kartographie, wie sie bereits an anderen Stellen ausführlicher dargelegt und begründet wurde (Edler und Kühne 2022a, 2022b, 2023; Kühne 2021).

3.1 Protokonventionelle Vorläufer der Kartographie

Der Ausgangspunkt kartographischer Befassung mit Welt liegt in dem Bedarf, sich intersubjektiv auf der Erdoberfläche zurechtzufinden. Der Beginn protokonventioneller Darstellungen reicht mehrere Jahrtausende zurück, die Darstellungen sind durch eine individuelle Gestaltung und – insbesondere bei den Weltkarten der Antike und des Mittelalters – durch einen hohen Grad an Spekulation geprägt. Auch wenn der vertraute Teil der den kartographischen Darstellungen zugrunde liegenden Welt bekannter war, blieb die Darstellung von Flächenverhältnissen und Lagebeziehungen eher ungefähr (diese Form der kartographischen Darstellung hat bis heute etwa in eilig hingekritzelten Wegeskizzen überlebt; Edler und Kühne 2022b; Edney 2019).

3.2 ‚Traditionelle' Kartographie

Gesellschaftliche Entwicklungen erzwangen – wie auch in anderen Daseinsbereichen des Menschen (Barnes 2013 [1974]) – die Entwicklung einer neuen Emergenzebene der Kartographie. Die Seefahrt (ob zu Zwecken des Handels oder der Kriegsführung) benötigte Karten, mithilfe derer sich sicher – auch jenseits der Küsten – navigieren ließ. Die Erfindung des winkeltreuen Kartenentwurfs von Gerhardus Mercator (1512–1594) bedeutete diesbezüglich einen großen Fortschritt. Mit dem Wunsch einer stärkeren Machtausübung über die (eigenen) Territorien, dem Wunsch, einer effizienteren Raumbewirtschaftung als Grundlage für Meliorationsmaßnahmen, der Errichtung von Infrastrukturen für Verkehr und Landesverteidigung ging im Zuge der Bildung moderner Staatswesen auch eine systematische kartographische Aufnahme des Landes einher. Eine solche kartographische Repräsentation war zum einen mit der Ordnung und Klassifizierung des Wahrgenommenen und zum anderen mit der Entwicklung einer standardisierten Zeichensprache verbunden. Die kartographische Standardisierung bei Erfassung, Codierung und Verbreitung der Ergebnisse folgte einerseits dem cartesianischen Prinzip der Spaltung von wahrnehmendem Subjekt und wahrgenommenem Objekt (Repräsentationalismus) andererseits einem positivistischen Weltverständnis, das nur jenen Dingen einen Wahrheitsgehalt zuerkannte, sofern sich diese auf sinnlich wahrnehmbare und überprüfbare Befunde beziehen – wobei dieses Weltverständnis in der Regel nicht transparent gemacht wurde. Infolge der hohen Bedeutung von Geodaten für die Interessen der Staaten einerseits, andererseits auch dem hohen Erhebungsaufwand, der von nicht-staatlicher Seite kaum zu leisten gewesen wäre, wurden diese einem weitgehend staatlichem Monopol zugeführt, der Zugang dazu reguliert. Einen institutionellen Höhepunkt der Entwicklung dieser ‚traditionellen' Kartographie stellt ihre Fassung als wissenschaftliche Disziplin Anfang des 20. Jahrhunderts dar (Freitag 1971). Die Standardisierung von Erfassung, Codierung und Verbreitung von Karten ließ wenig Raum für individuelle Gestaltungen, die noch bis zum 18. Jahrhundert zu finden waren. Insofern kann die ‚traditionelle Kartographie' als Ausdruck des modernistischen Projekts verstanden werden, die ästhetische Zuwendung zu Welt durch eine anästhetische zu ersetzen, die dadurch geprägt ist, „keine ästhetische Erfahrung" (Linke 2017, S. 28) hervorzurufen. Das modernistische Projekt der ‚Entmystifizierung der Welt' fand in der Kartographie ihren Niederschlag etwa in der Entwicklung (scheinbar) eindeutiger Koordinatensysteme, der Erzeugung einer binären Logik (zum Beispiel: wichtig = darzustellen vs. unwichtig = nicht darzustellen), die sich auch in dem Versuch der Vereindeutigung des Hybriden (etwa von Räumen, die sich großflächig der binären Kodierung von Wasser und Land entziehen; Kühne et al. 2023; Kühne und Koegst 2022) äußerten. Die traditionelle Kartographie begab sich so in eine „stahlharte Schale der Unfreiheit" (Weber 2010 [1904/05]), gebunden an professionelle Konventionen der Vermessung, Verallgemeinerung, Darstellung der Welt und Kontrolle über räumliche Daten. Doch war es selbst der topographischen Kartographie nicht möglich, Residuen ästhetischer Wirkung vollständig auszuschließen (Kent 2013): Anordnung und Gestaltung kartographischer Signaturen folgten nicht allein funktionalen Überlegungen, sondern auch Kriterien der (ästhetischen) Wirkung. Mit dem Aufkommen von themakartographischen Darstellungen Ende des 19. Jahrhunderts wurde deutlich, dass die Standardisierung der topographischen Kartographie nicht alternativlos war.

3.3 Kritische Kartographie

In den 1980er Jahren geriet die ,traditionelle' Kartographie in den Fokus kritischer Raumforschung, es emergierte die ,kritische Kartographie' (z. B. Crampton und Krygier 2005; Harley 1989; Kent 2017). Sie warf der traditionellen Kartographie vor, nicht etwa eine ,objektive Abbildung der Erdoberfläche' zu erzeugen, sondern ein Ausdruck wirtschaftlicher, sozialer und politischer Interessen zu sein. Somit machte sich die kritische Kartographie zur Aufgabe, die der Erzeugung von Karten zugrunde liegenden Machtverhältnisse ebenso zu dekonstruieren, wie die Zurückhaltung von Geoinformationen durch staatliche Stellen und die Praxen der Kartennutzungen (Crampton 2003). Oft verbunden war dies mit einem emanzipatorischen Anspruch, die Produktions- und Deutungshoheit aus den Händen technokratischer Experten, also den ,traditionellen Kartographen' zu demokratisieren. Das Verständnis von ,Kritik' der kritischen Kartographie geht dabei nicht auf das Verständnis von Immanuel Kant (1959 [1781]) zurück, der Kritik als eine transzendentale Selbstprüfung der Vernunft verstand, indem die Grenzen (griech. *krínein*, unterscheiden, abgrenzen) von erkenntnistheoretischen, moralischen und ästhetischen Urteilen zu unterscheiden ist, um diese Urteile auf die Bedingungen ihrer Ermöglichung hin zu befragen. Das Verständnis von Kritik der kritischen Kartographie geht stärker auf das Verständnis der ,Frankfurter Schule' zurück. Diese hat zum Ziel – in Rückgriff auf Karl Marx und Sigmund Freud – nicht offensichtliche Macht- und Herrschaftsstrukturen in der Gesellschaft aufzudecken (Horkheimer und Adorno 1969). Diese sind sowohl im Bewusstsein, wie auch in der materiellen (und gesellschaftlichen Welt) eingeschrieben, so sind „die Tatsachen, die uns die Sinne vermitteln, auf zweierlei Weise gesellschaftlich vorgeformt: durch den historischen Charakter des wahrgenommenen Objekts und den historischen Charakter des wahrnehmenden Organs" (Horkheimer

1977 [1937], S. 17). Dieses Verständnis wird durch Michel Foucaults (2012[1985]) Ansatz der Analysen von Macht erweitert, der von der Allgegenwart von Machtstrukturen ausgeht. Diese seien jeder sozialen Beziehung inhärent. Diese Vorstellung wiederum erweist sich als anschlussfähig an aktuelle mehr-als-repräsentationale Ansätze (Assemblage-Theorien, Akteur-Netzwerk-Theorien, aber auch den Neopragmatismus, auf den wir an späterer Stelle eingehen). Fünf Aussagen sind für die kritische Kartographie zentral:

1) Karten sind materieller Ausdruck sozialer Konstruktionen (gleiches gilt für andere graphische Darstellungen).
2) Die traditionelle Kartographie basiert auf Machtverhältnissen, aufgrund derer sie sich eine ‚herausgehobene Position' der Deutung von Welt gesichert hat.
3) Die Praktiken des Betreibens von traditioneller Kartographie sind hinsichtlich ihrer Machtgebundenheit zu dekonstruieren.
4) Mit dieser Dekonstruktion trägt kritische Kartographie zur ‚Entkolonialisierung der Lebenswelt' bei (Habermas 1981).
5) Die traditionelle Kartographie ist durch ein partizipatives ‚Mapping' zu ersetzen. An Stelle einer expert:innengebundenen traditionellen Kartographie sollen ‚Countergeographies' treten, die die Weltsicht von Benachteiligten verdeutlichen sollen.

Gerade das letzte Bestreben einer partizipativen Kartographie wird durch Unternehmen (wie Google) vereinnahmt (und häufig kommerzialisiert) und auch das diesbezügliche Engagement ist häufig wenig von emanzipatorischen Bestrebungen getragen, sondern perpetuiert ‚traditionelle' Interpretationen, denen mit ‚kritischer kartographischer Bildung' entgegengewirkt werden soll (Kim 2015). Neben ‚Countermapping' sollen auch künstlerische Interpretationen der räumlichen Darstellung zur Emanzipation beitragen (Crampton und Krygier 2005).

4 Projektionen, Maßstäbe und Koordinaten – oder wie transferiere ich einen dreidimensionalen Körper in die Ebene?

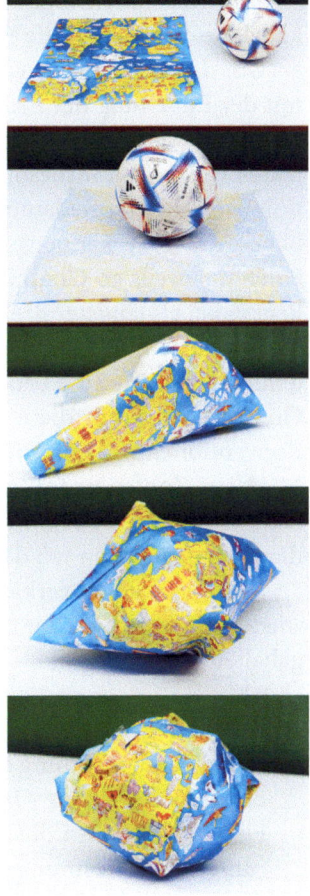

Wer schon einmal versucht hat, einen Fußball in Geschenkpapier zu wickeln, kennt die Misere: Das Unterfangen wird nicht knitterfrei ablaufen (siehe Abbildung 2). Vor demselben Problem steht die Kartographie (zugegeben in einem anderen Maßstab), wenn sie versucht die Erde (Rotationsellipsoid, dreidimensional) auf eine flache (zweidimensionale Karte) zu übersetzen. Das Problem der dreidimensionalen Krümmung der Erdoberfläche wird umso drängender, je größer der darzustellende Ausschnitt (bis hin zur gesamten Erde) wird.

Aus diesem Beispiel werden die drei zentralen Herausforderungen deutlich, mit denen wir uns in diesem Kapitel befassen werden: Wie gelingt es, die dreidimensionale Erde auf eine zweidimensionale Karte zu projizieren und welche Verzerrungen entstehen dabei? Welche Bedeutung haben Maßstäbe? Wie erfolgt eine Möglichkeit der Orientierung durch und in Koordinaten?

Abb. 2 Der Versuch, einen Fußball ohne Falten und Verknitterungen in Geschenkpapier zu verpacken zeigt, welche Herausforderungen bestehen, einen dreidimensionalen Körper (Erde) auf einer zweidimensionalen Fläche (etwa Papier) so darzustellen, dass möglichst wenige Verzerrungen entstehen (eigene Darstellung).

© Der/die Autor(en), exklusiv lizenziert an
Springer Fachmedien Wiesbaden GmbH, ein Teil von Springer Nature 2024
H. Atteneder et al., *Kartographische Darstellungen als mediale Konstrukte*, RaumFragen: Stadt – Region – Landschaft,
https://doi.org/10.1007/978-3-658-45931-4_4

4.1 Das Runde muss ins Flache – Projektionen, was sie leisten können – und was nicht

Die einfachste Lösung mit dem Problem der Verzerrungen bei dem Versuch, eine Darstellung der Erde (hier sind wir in der Terminologie der Klassischen Kartographie) zu finden, ist der Globus. Diese Lösung ist sehr geeignet, wenn es darum geht, einen Überblick über die gesamte Erde zu erhalten, globale Lagebeziehungen zu ermitteln oder einen Eindruck von Flächenunterschieden von Staaten (Kleinstaaten ausgenommen) zu erhalten. Problematisch wird es bereits, wenn wir eine Vielzahl von Themen darstellen wollen (dann wären zahlreiche Globen nötig, was ein Aufbewahrungsproblem zur Folge hätte) oder wenn kleinere Raumausschnitte untersucht werden sollen – der Maßstab des Globus dann so vergrößert werden müsste, dass etwa der Weg vom Hauptbahnhof Bochum zum Ruhrstadion erkennbar wäre; der Globus also die Gebäude der Innenstadt von Bochum überragen würde. Auch das erscheint unpraktikabel. Insofern bleibt die Projektion auf eine zweidimensionale Karte.

Um das Verständnis von Projektionen zu erleichtern, befassen wir uns zunächst mit der Einteilung der Erde durch das Gradnetz. Dieses wird nötig, um die Position von ‚Etwas' auf der Erdoberfläche zu bestimmen. Besonders bei sich bewegenden Objekten (historisch insbesondere Schiffen) ist die Kenntnis der eigenen genauen Position von zentraler Bedeutung (etwa um die Entfernung zum Zielhafen oder zu gefährlichen Riffen zu kennen). Die Breitenkreiseinteilung erfolgt zwischen Äquator und Polen in jeweils 90 Gradkreisen. Die Festlegung des Äquators als nullter Breitenkreis liegt dabei als längster Breitenkreis und Kreis des Sonnenhöchststandes bei Tag- und Nachtgleiche nahe. Die Längeneinteilung der Erde erfolgt in zwei jeweils 180 Gradteilungen vom nullten Längenkreis östlich wie westlich von der Londoner Sternwarte Greenwich aus. Für diese Festlegung gibt es keine Begründung, die jenseits sozialer Konventionen wurzelt. Dieser Meridian (Längenkreis) wurde auf der internationalen Meridian-Konferenz in Washington, D. C., von 25 Nationen am 13.10.1884 aus Praktikabilitätsgründen bestimmt, weil die seinerzeit modernen Seekarten auf diesen Meridian bezogen waren (zu den machtspezifischen Implikationen: siehe Kapitel 6).

Soll die Erde in verkleinerter, maßstabsgetreuer Form abgebildet werden (hier wieder der Anspruch der traditionellen Kartographie), sollen diese Gütekriterien eingehalten werden:

- Längentreue, also die auf der Darstellung gemessene Entfernung korrespondiert (unter Einberechnung des Maßstabs) mit den Entfernungen auf der Erde – überall auf der Darstellung – in gleicher Weise.
- Flächentreue, also die auf der Darstellung zu ermittelnde Fläche korrespondiert (unter Einberechnung des Maßstabs) mit den Flächen auf der Erde – überall auf der Darstellung – in gleicher Weise.
- Winkeltreue, also die auf der Darstellung gemessenen Winkel (zwischen Längen- und Breitengraden) stimmen mit den Winkeln auf der Erde überein.

- Gestaltähnlichkeit. Hierbei handelt es sich nicht um ein geometrisches Kriterium. Es geht vielmehr darum, dass die Erscheinung einer Darstellung in Bezug auf die Gestalt des Dargestellten nicht zu stark abweicht.

Diese Gütekriterien zugleich kann nur ein Globus erfüllen – allerdings mit den oben angerissenen Herausforderungen. Zweidimensionale Darstellungen, die eines der Kriterien erfüllen, weichen mehr oder minder deutlich von den übrigen ab. Insofern ist bei Kartenerstellung – insbesondere solchen mit kleinen Maßstäben – im Vorhinein zu klären, welche Kriterien von zentraler Bedeutung für den Aussagezweck sind (hier tangieren wir den klassischen Pragmatismus).

Der Nachvollzug der unterschiedlichen Projektionen fällt dann leichter, wenn wir uns folgende Anordnung vorstellen: Wir haben es mit einem hohlen Globus zu tun, dessen Oberfläche transparent gehalten und mit einem Gradnetz versehen ist und in dessen Zentrum eine Lichtquelle angeordnet ist. Ausgehend von dieser Vorstellung gibt es drei grundsätzliche Arten, die dreidimensionale Gestalt der Erde zweidimensional abbilden zu können (siehe Abbildung 3):

1) Die Azimutalprojektion. Hierbei berührt die zweidimensionale Projektionsfläche an einer Stelle den dreidimensional dazustellenden Körper (Erde). Die klassische Anordnung der Fläche ist an den Polen, die Längenkreise erscheinen nun als vom Zentrum ausgehende Linien, die Breitenkreise als den Pol umschließende Kreise.
2) Die Zylinderprojektion. Dabei wird die zweidimensionale Projektionsfläche so um den zu projizierenden dreidimensionalen Globus gewickelt, dass er diesen am längsten Breitenkreis linear berührt. Auf der Projektionsfläche schneiden sich Längen- und Breitenkreise rechtwinklig.
3) Die Kegelprojektion. Hierbei bildet die Projektionsfläche einen Kegel, der an einem beliebigen Breitenkreis (außer dem nullten, sonst wäre es ein Zylinder) den zu projizierenden Globus berührt.

Die Azimutalprojektion wird insbesondere dann eingesetzt, wenn *eine* Hälfte der Erde abgebildet werden soll, die Zylinderprojektion, wenn die Erde in Gänze dargestellt werden soll, die Kegelprojektion eignet sich insbesondere für die Darstellung von Großräumen, die zwischen Pol und Äquator einer Halbkugel liegen. Eine dem Vorbild stärker angenäherte Möglichkeit der Projektion sind Schnittkegel- und Schnittzylinderentwürfe. Hier schneidet die Projektionsfläche den zu projizierenden Körper an zwei Breitenkreisen. Weitere Projektionen sind möglich, etwa transversale, wenn der Zylinder nicht den längsten Breitenkreis berührt, sondern einen Längenkreis. Außerdem lässt sich die Projektionsfläche des Azimutalentwurfs auf einen Schnittkreis verschieben. Auch lassen sich die ‚Lichtquellen' des Entwurfs verschieben, in unserem Beispiel haben wir mit einer gnomischen Anordnung (Lichtquelle im Zentrum des Globus) gearbeitet. Bei stereografischen Projektionen liegt die Lichtquelle auf der gegenüberliegenden Seite des Globus in Bezug auf die Projektions-

Abb. 3 Azimutalprojektion (mitte), Zylinderprojektion (oben), Kegelprojektion (unten) (eigene Darstellung, nach Dickmann 2018, S. 71).

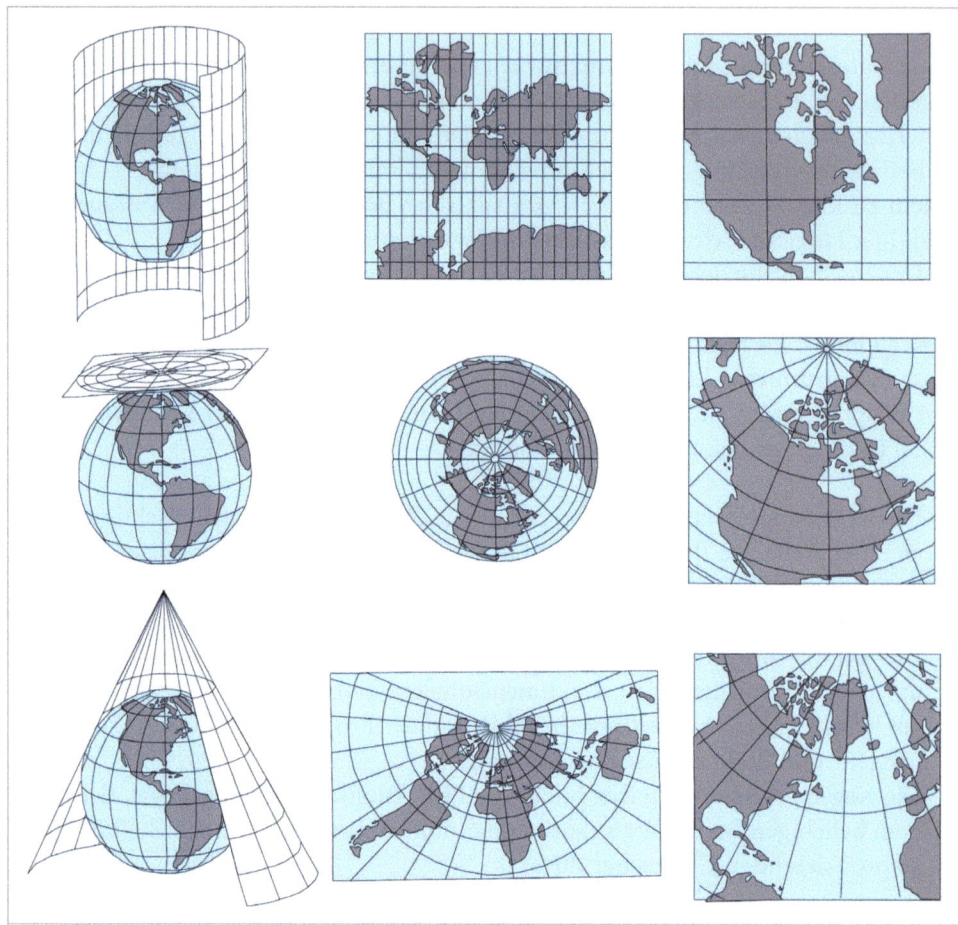

fläche und bei einer orthografischen im Unendlichen, jenseits der gegenüberliegenden Seite auf dem Globus in Bezug auf die Projektionsfläche (siehe Abbildung 4). Ziel dieser unterschiedlichen Projektionen ist, einen für das Ziel der Darstellung optimierten Entwurf in Bezug auf Flächen-, Winkel- und Längentreue zu erhalten bzw. Gestaltähnlichkeit zu erzielen.

Die Herausforderung, diesen Gütekriterien gerecht zu werden, sei kurz anhand von Zylinderprojektionen verdeutlicht, die – wie gezeigt – insbesondere dazu genutzt werden, um die Erdoberfläche in Gänze dazustellen und somit auch hinsichtlich der Darstellung globaler Zusammenhänge von besonderer Bedeutung sind. Die klassische Mercator-Projektion ist – wie angesprochen – für die Navigation entwickelt worden und somit winkeltreu (siehe Abbildung 5). Um dies zu erreichen, nehmen die

Abb. 4 Stereographische Projektion und Ortographische Projektion (eigene Darstellung).

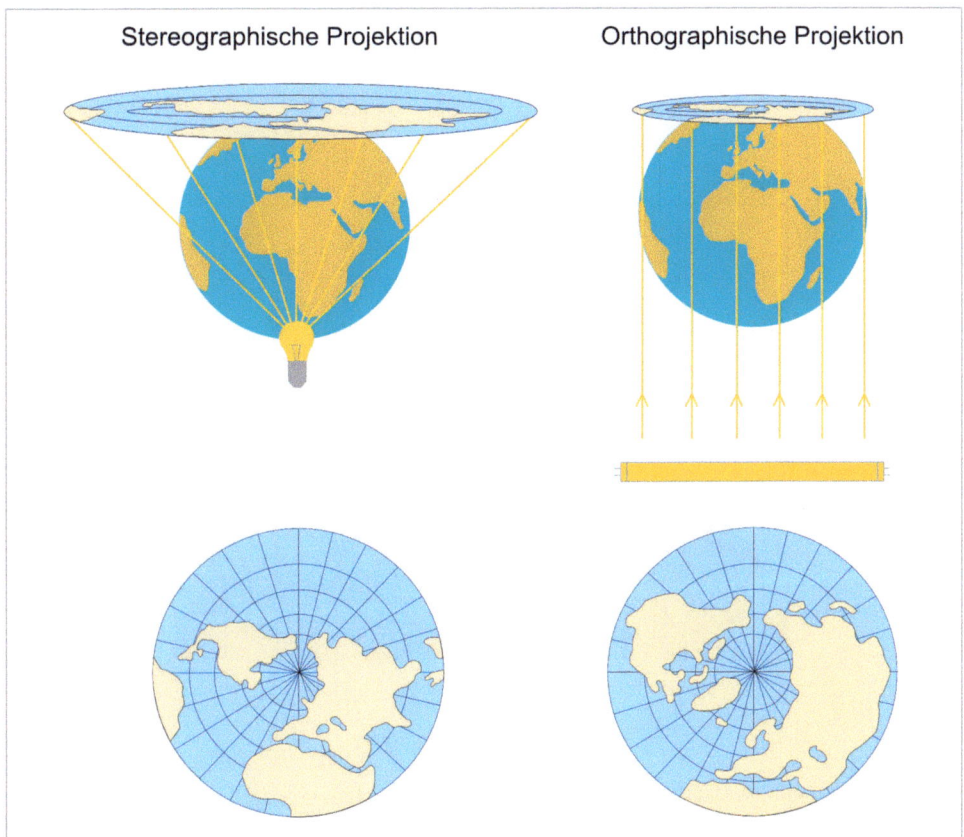

Abstände der Breitenkreise polwärts zu, weswegen die dargestellten Flächen überproportional groß dargestellt werden. Längentreue lässt sich bei Karten nur selektiv und niemals für bestimmte Richtungen und für bestimmte Punkte erreichen, etwa bei Plattkarten in Bezug auf Längenkreise, wobei diese einerseits die Flächen höherer Breiten überproportional groß darstellen und andererseits die Gestalt verzerren. Flächentreu ist die Gall-Peters-Projektion (siehe Abbildung 6), allerdings verzerrt sie die Gestalt der Erdoberfläche stark (und ist weder winkel- noch längentreu).

Abb. 5   Mercator-Projektion (eigene Darstellung).

Abb. 6   Gall-Peters-Projektion (eigene Darstellung, nach Schiewe 2022, S. 182).

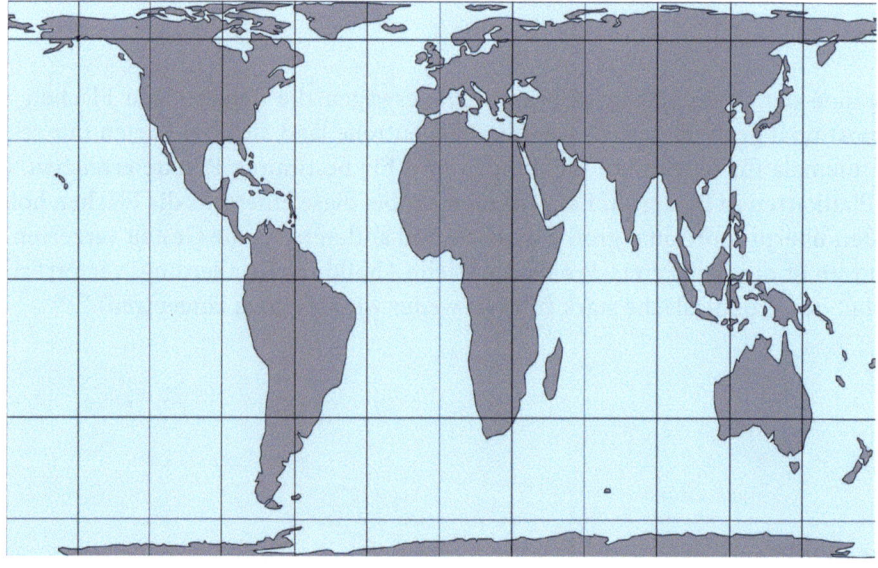

4.2 Die Koordination kleinräumiger Darstellungen – das UTM-System

Mit dem Ziel, Verzerrungen bei Darstellungen kleinerer Ausschnitte der Erdoberfläche zu minimieren, wurde das UTM (Universal Transverse Mercator)-System entwickelt. Es wurde 1947 von der US-Army eingeführt und basiert auf dem deutschen Gauß-Krüger-Koordinatensystem. Im Vergleich zu den klassischen Angaben im Gradnetz lassen sich UTM Positionen auf der Erdoberfläche einfacher bestimmen, da es sich um metrische Angaben handelt. Anders als bei der klassischen transversalen Mercator-Projektion findet die Berührung nicht auf dem Bezugsmeridian statt, sondern in beidseitig parallel dazu verlaufenden Durchdringungskreisen. Dies bedeutet, die Projektionsfläche liegt unterhalb des Bezugsmeridians, wodurch die Darstellungen an diesem leicht verzerrt werden, die Verzerrungen an den übrigen Teilen entlang der Darstellungsstreifen indes abnehmen. So wird die Erde in sechs Grad breite Zonen eingeteilt, die zwischen 180 Grad West bis 180 Grad Ost durchnummeriert sind (siehe Abbildung 7). Entsprechend bildet die westlichste Zone zwischen 180 und 174 Grad West mit dem Bezugsmeridian 177 Grad West die Zone 1, Deutschland liegt in den Zonen 32 und 33 (siehe Abbildung 8). Infolge der Verjüngung der Abstände zu den Polen hin, beschränkt sich das UTM-System auf die Bereiche 80 Grad Süd bis 84 Grad Nord. Neben der Zoneneinteilung in zonaler Richtung erfolgt die Einteilung in meridionaler Richtung in acht Grad breite Bänder, deren Benennung bei 80 Grad Süd mit dem Buchstaben C beginnt und bei 84 Grad Nord mit dem Buchstaben X endet (wobei die Buchstaben I und O aufgrund von Verwechslungsgefahren mit den Zahlen 1 und 0 ausgelassen sind).

Abb. 7 UTM (Universal Transverse Mercator)-System (eigene Darstellung).

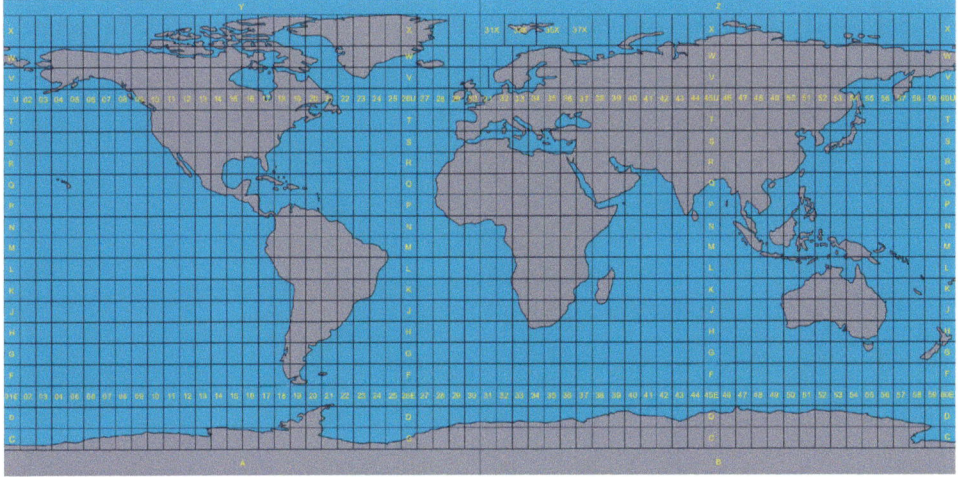

Abb. 8 UTM-Zonen in Deutschland (eigene Darstellung).

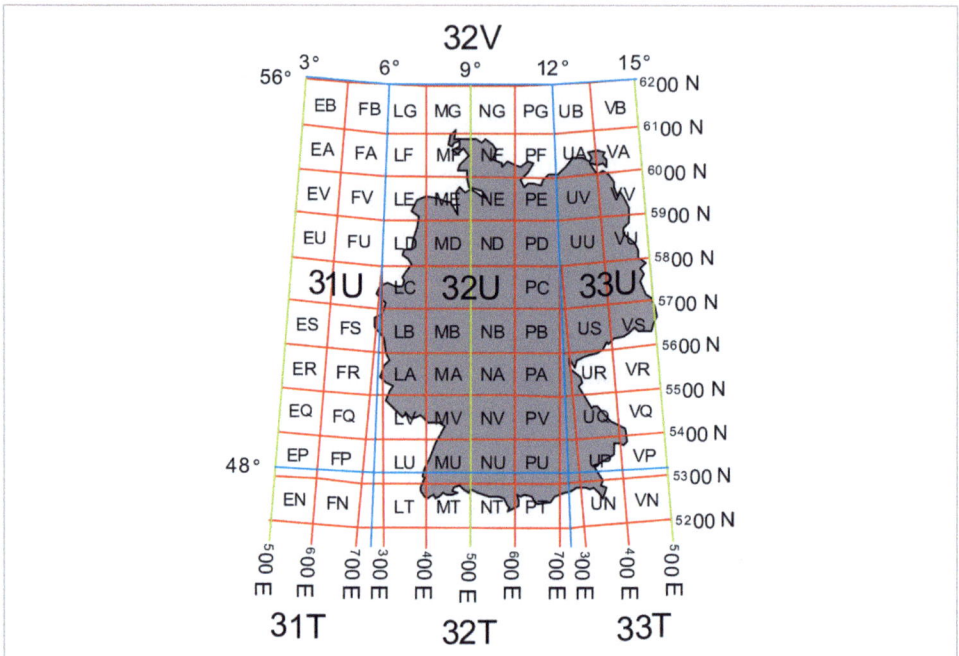

Diese Ausführungen verdeutlichen, welche Herausforderungen bei der Übersetzung einer kugelähnlichen Form in eine zweidimensionale Darstellung bestehen. Dies betrifft nicht allein die Einhaltung der Gütekriterien bei kleinmaßstäblichen Darstellungen, bei denen die Verzerrungen größer sind, das betrifft auch Verzerrungen in größeren Maßstäben und eine vereinfachte Orientierung auf der Erdoberfläche, wie das Beispiel des Umgangs mit größermaßstäblichen Darstellungen mit UTM zeigt.

Kartographische Kodierung 5

Nachdem im vorangegangenen Kapitel die Frage geklärt wurde, wie die Kugel bzw. der Rotationsellipsoid von der Dreidimensionalität auf die zweidimensionale Kartenform durch Projektionen übertragen werden kann, folgt nun die Frage danach, was auf der Karte dargestellt wird und nach welchen Kriterien die Auswahl des Dargestellten erfolgt. Diese Kodierung basiert auf Konventionen. Konventionen dienen der Komplexitätsreduktion (Luhmann 1984) und haben dabei eine ambivalente Wirkung: Einerseits erleichtern sie die Erstellung und Interpretation von kartographischen Darstellungen durch Normierung, sie schließen aber alternative Darstellungen (weitgehend) aus, wodurch die Entwicklung neuer Perspektiven auf Welt erschwert wird.

Klassischerweise verläuft eine Kategorisierung kartographischer Darstellungen entlang der Abgrenzung zwischen topographischer und thematischer Karte. Erstere enthalten physische und anthropogene Objekte der Erdoberfläche, die unter bestimmten Gesichtspunkten in Abhängigkeit zum Maßstab ausgewählt werden. Topographische Grundkarten sind i. d. R. großmaßstäbig, weisen folglich einen hohen Detailgrad auf, wohingegen topographische Übersichtskarten einen kleineren Maßstab aufweisen und damit weniger detailreich sind, aber dafür die Darstellung größerer Regionen bzw. Ausschnitte der Erdoberfläche ermöglichen. Chorographische Karten sind sehr kleinmaßstäbig und können Länder, Kontinente oder die ganze Erde darstellen (Kohlstock 2018). In thematischen Karten werden, auf der Grundlage topographischer Karten, georäumlich Themen dargestellt, die nicht primär topographischer Art sind, wie beispielsweise wirtschaftliche, politische und soziale Zusammenhänge (Schiewe 2022). Eine strenge Abgrenzung zwischen topographischen und thematischen Karten ist kaum möglich, da erstere auch nicht-topographische Elemente (z. B. Grenzen) beinhalten und letztere vollständig topographische Karten sein können, die thematisch ergänzt worden sind (Kohlstock 2018). Gliedern lassen sich thematische Karten nach Entstehung und Funktion in Grund- und Folgekarten sowie nach dem Inhalt in allgemein- und anthropogeographische Themen (Kohlstock 2018).

5.1 Vier Prinzipien der Kartographie

Auch wenn Karten auf sehr vielfältige Weise gestaltet sein können, folgen sie alle nach Arnberger (1993) vier Grundprinzipien: dem Lageprinzip, dem Diagrammprinzip, dem bildstatischen Prinzip sowie dem bildhaften Prinzip (siehe Abbildung 9). Das Lageprinzip besagt, dass die ortsrichtige Positionierung Vorrang vor der Signaturengröße hat, wodurch die Lagetreue gewährleistet ist, aber die quantitative Aussagekraft von Signaturen eingeschränkt ist. Ein Ablesen von Informationen bzw. sehr genauen Werten ermöglicht das Diagrammprinzip, das häufig in Kartogrammen eingesetzt wird. Beim bildstatischen Prinzip wird der Wert eines Objektes (z. B. Menge produzierter Automobile an einem Standort) durch eine entsprechende Anzahl einer Signatur dargestellt. Beim bildhaften Prinzip steht die Anschaulichkeit im Vordergrund, Objekte werden in vereinfachter zwei- oder auch dreidimensionaler Form dargestellt (Arnberger 1993).

5.2 ‚Dinge' abbilden und verständlich machen – die Sprache der Signaturen

Signaturen sind die häufigste Form der Kartenzeichen und sollen lesbar, platzsparend sowie leicht zu verstehen sein (Schiewe 2022) (siehe Abbildung 10). Es gibt zahlreiche Möglichkeiten, diese zu klassifizieren, beispielsweise die Untergliederung in Figuren, Linien- und Bandsignaturen sowie Flächensignaturen oder die Differenzierung in konkrete und abstrakte Signaturen. Konkrete bzw. sprechende Signaturen ähneln in ihrer Form sehr stark dem darzustellenden Objekt, beispielsweise Baumsignaturen für einen Wald oder ein Flugzeug (als Grundrisssignatur) für einen Flughafen. Abstrakte bzw. geometrische Signaturen beschränken sich dagegen im Wesentlichen auf geometrische Grundformen, wie Kreise, Rechtecke, Dreiecke usw. und sind aufgrund ihrer Formgebung gut lesbar und unterscheidbar, aber weniger zugänglich als sprechende Signaturen und in der Vielfalt an Darstellungsmöglichkeiten deutlich eingeschränkter (Arnberger 1993).

Im Vergleich zu Kartenzeichen benötigt Schrift zwar i. d. R. mehr Platz, ermöglicht aber eine Identifizierung von Objekten (Kohlstock 2018, S. 74) und ist wichtiger Bestandteil von Karten, da sich nicht alle Objekteigenschaften, beispielsweise Namen von Siedlungen, durch Signaturen darstellen lassen (Schiewe 2022, S. 223). Auch die Verwendung von Schrift ist an einige Anforderungen gebunden, die sich vor allem auf die Lesbarkeit, Positionierung und Wirkung beziehen. Einfluss auf die Lesbarkeit hat insbesondere die Wahl der Schriftart sowie -größe. Während in länge-

Abb. 9 Vier Grundprinzipien der Kartographie (eigene Darstellung, nach Arnberger 1993, S. 33).

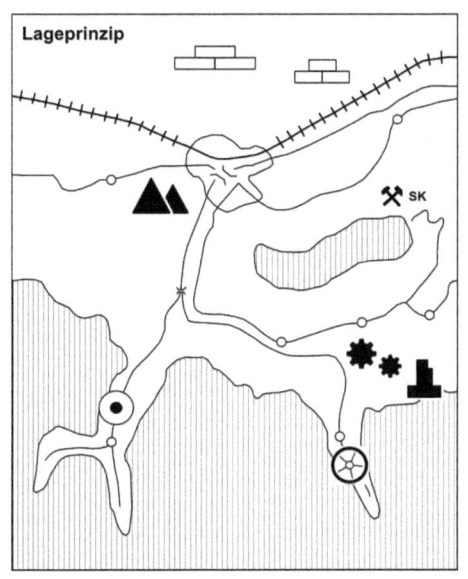
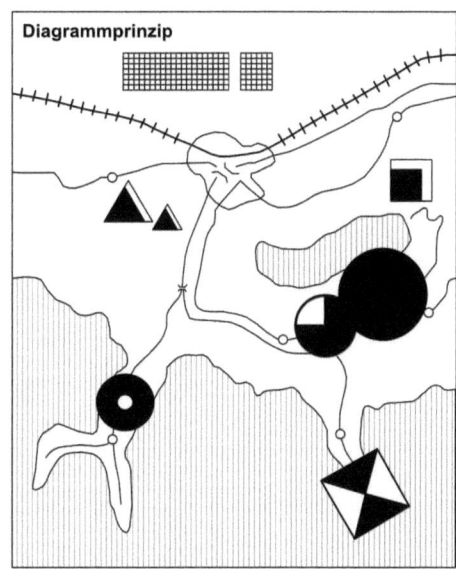
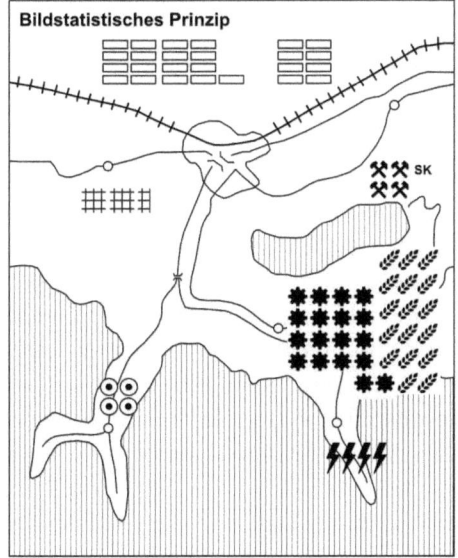
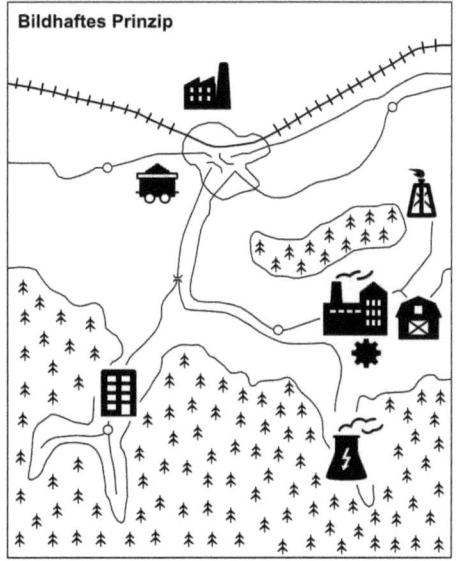

Abb. 10 Signaturen in der Kartographie (eigene Darstellung, nach Kohlstock 2018, S. 75).

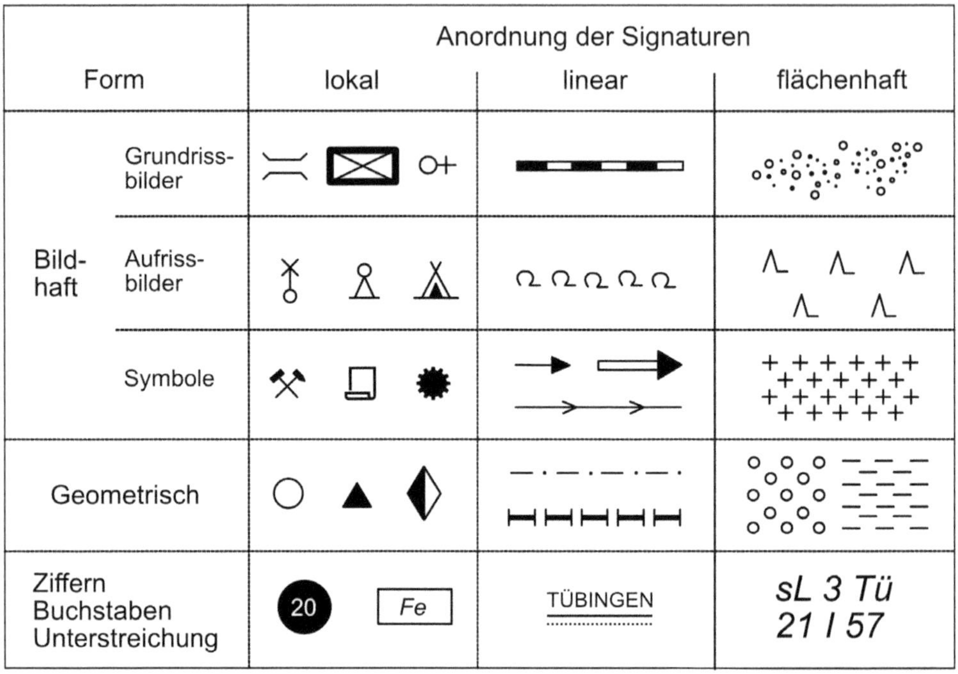

Form		Anordnung der Signaturen		
		lokal	linear	flächenhaft
Bildhaft	Grundrissbilder			
	Aufrissbilder			
	Symbole			
Geometrisch				
Ziffern Buchstaben Unterstreichung		20 Fe	TÜBINGEN	sL 3 Tü 21 / 57

ren Texten häufig detailreiche Schriftarten gewählt werden (z. B. Times New Roman), finden in Karten, in denen meist nur einzelne Worte, beispielsweise Ortsnamen, dargestellt werden, häufig einfache, klare Schriftarten (z. B. Arial) Verwendung. Die Schriftplatzierung sollte so erfolgen, dass eine eindeutige Zuordnung zum jeweiligen Objekt möglich ist. Allgemeingültige Regeln zur Platzierung existieren jedoch nicht. Wie die Schrift in Karten wahrgenommen wird, ist subjektiv, im Allgemeinen kann jedoch konstatiert werden, dass schlichte Schriftarten eher als funktional eingestuft werden und detailreichere Schriften eher in Spezialfällen verwendet werden, wie beispielsweise in Karten für Kinder oder in Karten zu historischen Themen (Schiewe 2022).

Kartenzeichen geraten mit steigender Komplexität der Daten an die Grenzen der Darstellbarkeit. Sollen beispielsweise die Entwicklungen ökonomischer Indikatoren in einer Region im Zeitverlauf dargestellt werden, kann dies mit Signaturen nur schwerlich gelingen. In solchen Fällen empfiehlt sich die Integration von Diagrammen in das Kartenbild. Es gibt eine Vielzahl von Diagrammtypen und diese benötigen für gewöhnlich deutlich mehr Platz als Signaturen, weshalb sie beispielsweise am Kartenrand platziert werden können, um den Platzbedarf zu reduzieren und die Lesbarkeit zu gewährleisten. Die Wahl des Diagrammtyps hängt von den darzustellenden Daten ab und sollte zweckmäßig sein. Die Zwecke sind dabei das Ablesen und

Vergleichen von Werten, das Erkennen von Verteilungen, Zusammenhängen sowie von Flüssen (Schiewe 2022).

Bei allen genannten Kartenelementen ist die Lesbarkeit ein entscheidendes Kriterium. Diese kann mittels Farben gegenüber Schwarz-Weiß-Darstellungen erheblich gesteigert werden (Kohlstock 2018). Zudem kann eine sinnvolle Farbgebung die Informationsübertragung und das Erfassen sowie Differenzieren von kartographischen Inhalten beschleunigen (Dickmann 2018). Die Farben ermöglichen die Abgrenzung, Hervorhebung und Abstufung von Objekten, beispielsweise die Darstellung von Meerestiefen anhand unterschiedlicher Blautöne (Kohlstock 2018). Die Wahl der Farben ist i. d. R. nicht gänzlich frei, sondern unterliegt gesellschaftlichen Konventionen und subjektiven Assoziationen. So werden warme Regionen in Klimakarten gewöhnlich rot oder gelb eingefärbt und kühlere Regionen blau. Zudem existieren fachliche Konventionen zur Farbwahl in bestimmten Karten: Ende des 19. Jahrhunderts wurden auf einem Kongress in Bologna die Farben in geologischen Karten international festgelegt (Dickmann 2018). Bei allem Nutzen, den Farben in Karten besitzen, muss bedacht werden, dass ein nicht unerheblicher Teil der Bevölkerung – insbesondere männliche Personen – von Farbfehlsichtigkeit betroffen sind und daher kaum oder gar nicht Tonwerte in einer Farbkarte unterscheiden kann. Inzwischen gibt es Software, die diverse Farbsehschwächen simulieren kann, wodurch es möglich ist, bereits bei der Produktion von Karten Fehlerquellen bei der Informationsübertragung zu berücksichtigen (Dickmann 2018).

5.3 Die Auswahl des ‚Relevanten' und der Umgang mit Darstellbarkeit mittels Generalisierung

Die gezielte Übermittlung von Informationen ist ein wichtiges Gütekriterium, daher besitzen Bilder (z. B. Luft- und Satellitenbilder) gegenüber Karten den Nachteil, dass sie viele Informationen enthalten, die für den darzustellenden Sachverhalt nachrangig oder sogar unwichtig sind. Zudem sind Geoobjekte in Karten in ihrer Darstellung identisch, d. h. dass beispielsweise Flüsse im gleichen Blauton dargestellt werden und somit auch leicht als Flüsse im Kartenbild identifiziert werden können. Trotz der genannten Nachteile kommen Bilder in unterschiedlicher Form zum Einsatz, da sie gegenüber den abstrakteren Karten als realitätsgetreuer und u. U. ästhetisch ansprechender, da abwechslungsreicher, empfunden werden. Bilder können im Vordergrund eines Kartenblatts stehen und Teile oder das gesamte Kartenblatt abdecken, oder im Hintergrund erscheinen, um die Orientierung zu erleichtern und die Attraktivität zu steigern. Häufig werden aber auch Ausschnitte von Bildern am Kartenrand platziert, um einzelne Orte bzw. Objekte zu veranschaulichen (Schiewe 2022).

Wie oben bereits beschrieben, enthalten Bilder Details, die in Karten nicht abgebildet werden sollen und auch gar nicht abgebildet werden können. Weil die gesamten Erscheinungen der Erdoberfläche nicht einmal ansatzweise abgebildet werden können, muss folglich eine Auswahl getroffen werden. Mit dieser gehen eine Reduzierung und Simplifizierung der kartographischen Inhalte einher (Dickmann 2018). Diesen Vorgang bezeichnet man als Generalisierung und er „gehört zu den wesentlichen wissenschaftlichen Leistungen eines Kartenentwerfers" (Arnberger 1993). Grundsätzlich lassen sich zwei Formen der Generalisierung unterscheiden: die Erfassungsgeneralisierung und die kartographische Generalisierung. Bei ersterer findet – wie der Name es erahnen lässt – bereits bei der Erfassung von Objekten im Gelände eine Generalisierung statt, indem unwichtige oder zu kleine Objekte bzw. Objektdetails weggelassen werden. Bei der kartographischen Generalisierung wird hingegen aus einer Ausgangskarte eine Folgekarte kleineren Maßstabes erstellt. Dies hat zur Folge, dass auf der gleichen Kartenfläche ein größerer Raumausschnitt abgebildet wird, wodurch sich die Größe der einzelnen Objekte verkleinert. Unterschreitet die Größe eines Objektes die Minimaldimension, welche am Auflösungsvermögen des menschlichen Auges orientiert ist, ist es auf der Karte nicht mehr zu erkennen. Das würde jedoch bedeuten, dass mit kleiner werdendem Maßstab immer mehr – auch für die Aussagekraft der Karte relevante – Objekte wegfielen (Kohlstock 2018). Hake et al. (2002) unterscheiden sieben elementare Vorgänge der kartographischen Generalisierung: Vereinfachen, Vergrößern, Verdrängen, Zusammenfassen (Aggregieren), Auswählen (Selektieren), Klassifizieren und Bewerten (siehe Abbildung 11). Das Weglassen von Details wird als Vereinfachen bezeichnet, das Vergrößern bezieht sich häufig auf lineare Objekte, beispielsweise Straßen. Bei einem Maßstab von 1:1 000 000 wären nur noch lineare Objekte mit einer Mindestbreite von 50 m darstellbar, was bedeutet, dass Eisenbahnlinien und Straßen, i. d. R. gar nicht in diesen Karten enthalten sein könnten. Das Verdrängen ist häufig eine Folge der Vergrößerung anderer Objekte, das Zusammenfassen erfolgt häufig bei der Darstellung von Siedlungen, indem einzelne Häuser zu größeren Einheiten zusammengefasst werden. Beim Auswählen werden bei gleichartigen Objekten die weniger bedeutsamen weggelassen, wohingegen beim Klassifizieren das weniger Typische nicht aufgenommen wird, also beispielsweise in einem Wald, der mehrheitlich aus Laubbäumen besteht, eine entsprechende Signatur in der Karte eingezeichnet wird und vereinzelt auftretende Nadelbäume keine Berücksichtigung finden. Das Bewerten bezeichnet schließlich das Hervorheben des Wichtigeren bei gleichartigen Objekten, beispielsweise das Hervorheben von Hauptstraßen gegenüber Nebenstraßen (Kohlstock 2018).

Interessanterweise wurde die Generalisierung von Karten bis weit in die Mitte des 20. Jahrhunderts basierend auf Erfahrungswissen betrieben, ohne dass es regelbasierte Generalisierungsansätze gab. Diese wurden erst ab den 1960er Jahren entwickelt und legten Schwellenwerte bzw. Mindestdimensionen fest. Mit mathematischen Ansätzen versuchte man sich von intuitiven Generalisierungen zu lösen (Dickmann 2018). Friedrich Töpfer (1974) entwickelte eine Formel, die die Anzahl der Objekte bestimmt, die bei einer Verkleinerung des Maßstabes erhalten bleiben. Dazu wird die Quadratwurzel aus den Maßstabszahlen der Ausgangskarte (M_A) und Folgekarte (M_F) gebildet und mit der Zahl der Elemente der Ausgangskarte (n_A)

Abb. 11 Generalisierung (eigene Darstellung, nach Dickmann 2018, S. 157).

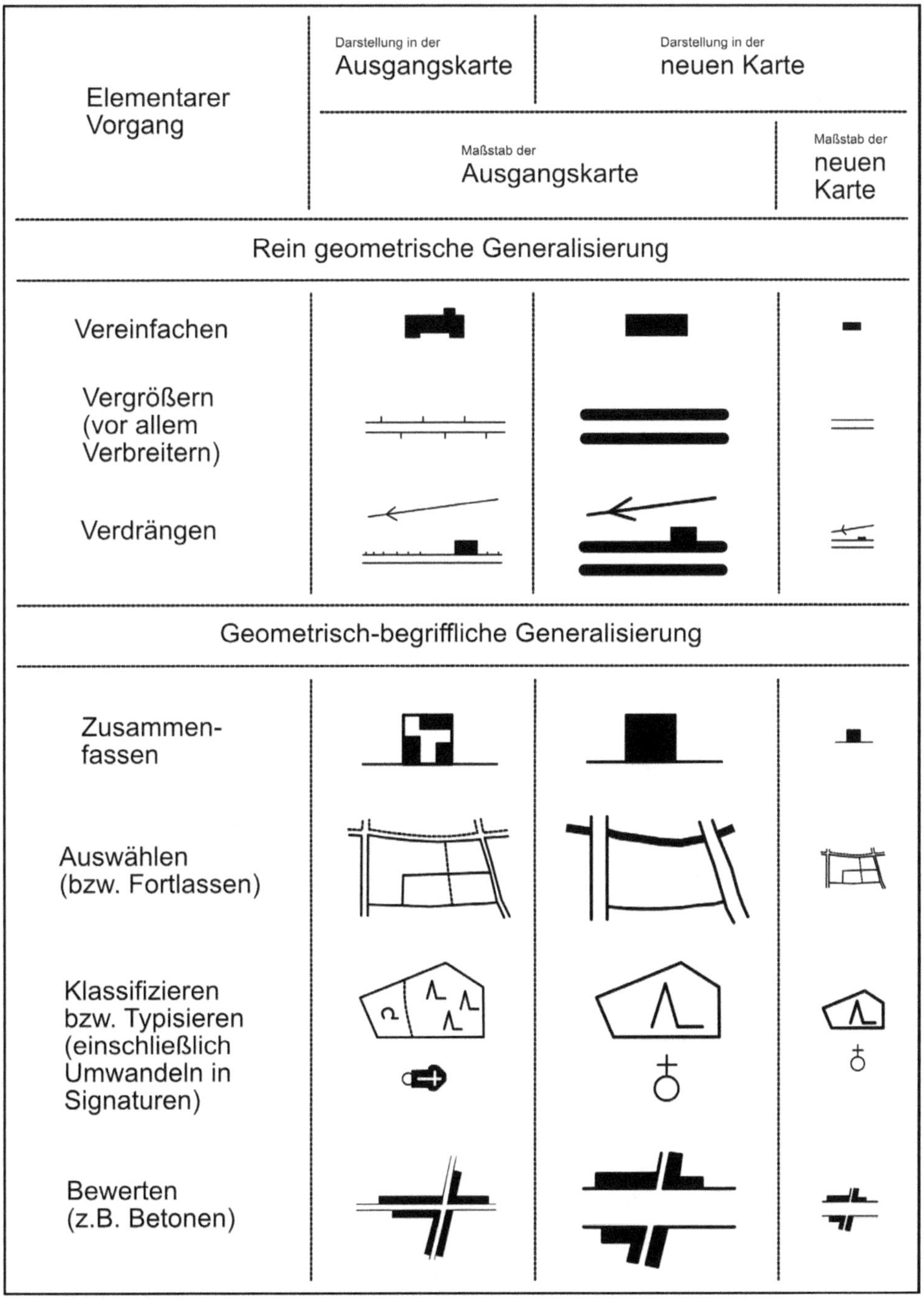

Elementarer Vorgang	Darstellung in der **Ausgangskarte**	Darstellung in der **neuen Karte**	
	Maßstab der **Ausgangskarte**		Maßstab der **neuen Karte**
Rein geometrische Generalisierung			
Vereinfachen			
Vergrößern (vor allem Verbreitern)			
Verdrängen			
Geometrisch-begriffliche Generalisierung			
Zusammenfassen			
Auswählen (bzw. Fortlassen)			
Klassifizieren bzw. Typisieren (einschließlich Umwandeln in Signaturen)			
Bewerten (z.B. Betonen)			

Abb. 12 Auswahlgesetz nach Töpfer (eigene Darstellung nach Dickmann 2018, S. 159).

Auswahlgesetz nach Töpfer (1974)

$$n_F = n_A \sqrt{\frac{M_A}{M_F}}$$

n_F = Zahl der Elemente im Folgemaßstab
n_A = Zahl der Elemente im Ausgangsmaßstab
M_A = Maßstabszahl des Ausgangsmaßstabs
M_F = Maßstabszahl des Folgemaßstabs

Beispiel: Wird eine Karte mit dem Maßstab 1:25.000 auf 1:50.000 verkleinert, sollten die 20 Objekte der Ausgangskarte auf 14 in der Folgekarte reduziert werden:

$$n_F = 20 \sqrt{\frac{25000}{50000}} = 20 * 0{,}707 = 14{,}1 \approx 14$$

multipliziert, um die Anzahl der Elemente in der Folgekarte (n_F) zu bestimmen (siehe Abbildung 12).

Auch wenn die Formel eine Handreichung gibt, in welchem Maße die Anzahl der Objekte reduziert werden sollte, so bietet sie keine Hilfestellung bei der Frage, welche Objekte weggelassen werden sollen. Um diesen Schritt zu automatisieren, wurden in den letzten Jahrzehnten zahlreiche rechnergestützte Verfahren entwickelt, die immer bessere Ergebnisse erzielen, so dass in den vergangenen Jahren ein Automatisierungsgrad von ca. 90 % erreicht werden konnte (Dickmann 2018).

Wir haben gesehen, wie wir mittels Generalisierung Inhalte einer Ausgangskarte auf einer Folgekarte kleineren Maßstabes übertragen und damit den Raumausschnitt, der auf dem Kartenblatt abgebildet wird, vergrößern können. Was wir bis dato jedoch noch nicht thematisiert haben, ist die Dynamik. Die Sachverhalte, die auf einer thematischen Karte dargestellt werden, sind häufig dynamisch, sie unterliegen beispielsweise einem temporalen Wandel. Eine Karte bildet dagegen immer nur einen Zustand zu einem bestimmten Zeitpunkt ab, „wie wenn man aus einem Kinofilm ein einziges Bild herausgreift, um es länger und eingehender betrachten zu können" (Arnberger 1993, S. 161). Umso wichtiger ist der Ansatz, raumzeitliche Veränderungen durch dynamische Darstellungen abzubilden. Dies kann bei analogen Kartendarstellungen im Wesentlichen auf drei Arten geschehen: in Attribut-Zeit-Darstellungen, Raumausschnitt-Zeit-Darstellungen sowie nichttemporalen Darstellungen. In Attribut-Zeit-Darstellungen schaut man sich an, wie sich die Werte von Attributen in einem konstanten Raumausschnitt über einen Zeitraum verändert haben. Beispielsweise können Übernachtungen in Gästeunterkünften in einer Region durch das Nebeneinanderstellen einzelner Karten in bestimmten Jahresintervallen verglichen und damit Veränderungen sichtbar gemacht werden. Bei Raumausschnitt-Zeit-Darstellungen wandelt sich der Raumausschnitt, während der Zeitpunkt der Betrachtung konstant bleibt. Dies ermöglicht ein Hineinzoomen in einzelne Teilregionen in einem größeren Maßstab im Vergleich zur kleinmaßstäbigeren Karte, in der das gesamte Gebiet abgebildet wird. Bei der nichttemporalen Darstellung sind zwar sowohl der Raumausschnitt als auch der Zeitpunkt konstant, jedoch können vielschichtige Informationen in unterschiedlichen Szenarien nacheinander dargestellt werden (Schiewe 2022).

5.4 Jenseits der klassischen Karte – neue Darstellungsmöglichkeiten

Dank neuer Technologien stehen viele Möglichkeiten zur Verfügung, die klassischen, analogen Kartendarstellungen durch digitale zu ersetzen. Dies beginnt bei interaktiven Atlanten, beinhaltet aber u. a. auch Web-GIS, Augmented Reality, Virtual Reality sowie Cross-Media-Mapping und 3D-Kartographie (Dickmann 2018). Es gibt eine Vielzahl von Begriffen, die für eine computergestützte Erstellung von Karten verwendet werden, wie beispielsweise Computerkartographie, Desktop-Mapping, aber auch Interaktive Kartographie. Der Begriff Desktop-Mapping beschreibt „die computergestützte Bearbeitung einer Karte von der Dateneingabe bis zur Ausgabe eines graphischen Bildes" (Kohlstock 2018, S. 201). Diese weist gegenüber der manuellen Erstellung und Bearbeitung eine Vielzahl von Vorteilen auf, wie beispielsweise die schnelle und einfachere Verarbeitung der Daten, die simultane Erstellung verschiedener Kartenvarianten sowie Konstanz in der graphischen Qualität (Kohlstock 2018). Das Web-Mapping ermöglicht die Bearbeitung von im World Wide Web vorhandenen Karten und ist aus den Raumwissenschaften, aber auch aus unserem Alltag, nicht mehr wegzudenken. Ein Kartenbild kann von Nutzerinnen und Nutzern durch wenige Klicks oder die Eingabe von Daten so modifiziert werden, dass es die gewünschten Informationen anzeigt, etwa wo sich die nächstgelegenen Einkaufsmöglichkeiten befinden. Auch in planerischen Prozessen kann die Multimedialität sowie Interaktivität zu einem erweiterten Raumverständnis beitragen (Dickmann 2018). Sind die Möglichkeiten der Bearbeitung der Karten erweitert, so wird häufig die Bezeichnung Web-GIS anstelle von Web-Mapping verwendet (Kohlstock 2018). Im Zuge des Web 2.0 werden Inhalte zunehmend nicht mehr nur konsumiert, sondern auch selbst von Nutzerinnen und Nutzern bereitgestellt, in Bezug auf die Webkartographie spricht man daher vom Web Mapping 2.0. Die Anwenderinnen und Anwender benötigen hierfür keine Programmierkenntnisse und werden zu Prosumenten, sind also zugleich Produzierende als auch Konsumierende von Karten. Damit wandeln sich Karten von einem End- zu einem Übergangsprodukt, welches fortlaufend aktualisiert werden kann. Wie hilfreich dies sein kann, zeigt sich beispielsweise nach Katastrophen, wenn für das betroffene Gebiet sehr schnell aktuelles Kartenmaterial zur Verfügung gestellt wird (Dickmann 2018). Zugleich darf jedoch nicht außer Acht gelassen werden, dass das Erstellen und Gestalten von Karten ohne entsprechendes kartographisches Fachwissen durchaus nicht unproblematisch ist, da es zu ‚fehlerhaften' oder verzerrten Abbildungen kommen kann, auch wenn wissensbasierte Systeme diese Fehlerquellen eindämmen können, indem sie die Nutzerinnen und Nutzer durch den Prozess führen und entsprechende Designvorschläge unterbreiten (Dickmann 2018).

Mit der rasant voranschreitenden Entwicklung neuer Darstellungsmöglichkeiten, aber auch der fortschreitenden Differenzierung theoretischer Zugriffe auf kartographische Darstellungen sowie insbesondere der oben erwähnten Erweiterung der Erstellungs- und Nutzungskontexte vergrößert sich auch der Bedarf an wissenschaftlicher Befassung mit diesen Phänomenen. Kartographische Darstellungen sind zunehmend weniger als prä-fixierte Phänomene zu betrachten, sondern Teil komplexer Medienumwelten und immersiver Nutzer:inneninvolvierung (siehe Kapitel 2). Insofern ist es naheliegend bei der Erforschung der Rezeptionsseite weniger auf ‚Kartenlesekompetenzen', sondern auf Situationen, sich neu formierende Praktiken und Kontexte zu fokussieren (siehe Kastentext 1).

Kastentext 1

Methodologien zur Erforschung der ‚Prosumer' multimedialer kartographischer Darstellungen
Der Anspruch, durch mehr-als-repräsentationale und nicht-medienzentrierte Ansätze Praktiken und Interaktionen sichtbar zu machen, hat auch entscheidende Konsequenzen auf Forschungsmethodologien. Um die Kartennutzungspraktiken und damit verknüpften Prozesse sichtbar zu machen, bedarf es situationaler Methoden, die ‚den Akteur:innen folgen' (Latour 2005), also den Aktionsradius menschlicher und nichtmenschlicher Aktanten sichtbar machen. Das heißt, dass die Datenerhebung zeitgleich mit der zu untersuchenden Situation stattfindet und dabei ein breites Spektrum an Kontexten miterfasst. Geeignet sind Verfahren, oder eine Kombination derselben, die eine Erfassung von ‚rich data', also komplexer reichhaltiger Datensätze, ermöglichen, beispielsweise ‚experience sampling method (ESM)' (Bolger und Laurenceau 2013; Hektner et al. 2007; Kubey et al. 1996), Adaptionen von ESM (Kaufmann und Peil 2019; Schönbächler 2023), direkt in der Situation erfasste Medientagebücher (mit und ohne Softwareunterstützung) (Berg und Düvel 2012; Hohmann et al. 2023; Kaun 2010; Schwarzenegger et al. 2022), situierte Datenanalyse (Rettberg 2020), sogenannte ‚data walks' oder ‚walking interviews' (Adekoya und Guse 2020; Evans und Jones 2011; King und Woodroffe 2017; Van Es und De Lange 2020), und ganz generell Verfahren, die das Alltägliche in seinen Details erfassen und an ‚digital ethnographies' angelehnt sind (Bachmann und Wittel 2006; Kubitschko und Kaun 2016; Pink 2013; Pink et al. 2016).

# Macht und kartographische Darstellungen 6

Im Vorangegangenen haben wir verschiedentlich auf das Verhältnis von Macht und kartographischen Darstellungen hingewiesen. In diesem Kapitel wollen wir uns dem Thema aus unterschiedlichen Perspektiven widmen, wobei wir – infolge der Relevanz von Macht für Menschen – zunächst einmal mit Grundüberlegungen zum Begriff beginnen wollen.

6.1 Macht – einige Grundüberlegungen

Machtverhältnisse sind sozialen Beziehungen inhärent (Popitz 1992). Somit ist es nachvollziehbar, dass das Thema Macht zu den zentralen Gegenständen sozialwissenschaftlicher Forschung zählt. Ein bis heute wirksames Verständnis von Macht stammt von Max Weber (1976 [1922], S. 28), der Macht als „jede Chance, innerhalb einer sozialen Beziehung den eigenen Willen auch gegen Widerstreben durchzusetzen, gleichwohl worauf diese Chance beruht" versteht. In diesem Verständnis hebt Weber den einerseits aktiven Gehalt von Macht hervor, indem er das ‚Durchsetzen' betont, andererseits wird auch die Ambivalenz deutlich, die mit der Anwendung von Macht verbunden ist, hier in dem Verweis auf den Widerstand gegen die Anwendung von Macht. Dabei ist das Machtverständnis Webers zum einen stark personal bezogen und zum anderen situativ geprägt. Es beschreibt das Verhältnis von Personen im Kontext einer Situation. Das Verständnis von Macht erfuhr durch spätere Autorinnen und Autoren (wie Arendt 1970; Elias 1997 [1939]; Foucault 2019 [frz. Original 1975]; Luhmann 1977) sowohl eine Weitung als auch eine Personalisierung: Weitend hoben diese die Institutionalisierung und organisationale Bindung von Macht hervor, Macht wird damit in gesellschaftlichen Strukturen verbunden, die das Leben von Menschen in weiten Teilen bestimmen. Eine Personalisierung erfuhr das Machtverständnis durch die Internalisierung von Macht. Damit werden Fremdzwänge in

© Der/die Autor(en), exklusiv lizenziert an
Springer Fachmedien Wiesbaden GmbH, ein Teil von Springer Nature 2024
H. Atteneder et al., *Kartographische Darstellungen als mediale Konstrukte*, RaumFragen: Stadt – Region – Landschaft,
https://doi.org/10.1007/978-3-658-45931-4_6

Innenzwänge umgewandelt (Elias 1997 [1939]). Durch die Internalisierung werden Machtverhältnisse normalisiert, wodurch sie im Alltag nicht mehr kritisch befragt werden.

Macht tritt in besonderer Prägnanz im politischen System hervor, schließlich ist Macht – so der Soziologe Niklas Luhmann – das symbolisch generalisierte Kommunikationsmedium des politischen Systems (Luhmann 1977, 2002). Dies bedeutet, dass das politische System konstitutiv Welt auf Grundlage des Codes Macht vs. Nicht-Macht konstruiert. Mit der Entwicklung des modernen Staates geht dabei die Bändigung von diffuser Macht zu konkreter Herrschaft einher. Diese ist „stets auf bestimmte Inhalte und angebbare Personen begrenzt" (Dahrendorf 1972, S. 33; im Anschluss an Max Weber). Die Bändigung von Macht zu Herrschaft im modernen Staat benennt Dahrendorf (1983) als zentral für die Entwicklung einer friedlichen Gesellschaft. Mit der Entwicklung von demokratischen Gemeinwesen werden Konflikte – was selbst den Austausch der politischen Führung betrifft – ohne Blutvergießen regelt. Dass Blutvergießen dennoch vorkommt, widerspricht also seinem Selbstverständnis. Gesichert wird das Bestreben, soziale Konflikte ohne Gewalt zu regeln, durch die Monopolisierung (als legal verstandener) physischer Gewalt. Dabei wird auch diese Monopolisierung einer Verrechtlichung unterworfen und obliegt der rechtstaatlichen Kontrolle (insbesondere durch Gerichte). Moderne Staaten bändigen Macht auch auf eine andere Weise: die spezifische Organisation von Wissen in Form von Bürokratie (vgl. Anter 2012). Spontane Situationen der Ausübung von Macht werden so durch allgemeine Verfahren der Regelung von Relationen zwischen Einzelnen und Behörden, teilweise aber auch zwischen Einzelnen (etwa im Nachbarschaftsrecht), überführt (wenn auch nicht vollständig). Hier wird die Ambivalenz von Macht deutlich, die einerseits Ausdruck „des schon immer stattfindenden Aushandelns von Normalität" (Paris 2005, S. 7) ist und durchaus zu Innovationen führen kann, andererseits verleitet sie ‚Machtchancen' zu nutzen und auszubauen. Gerade aus Perspektive kritischer Wissenschaft wird das Bestreben liberaler Demokratien der Bändigung von Macht mittels bürgerlicher Rechte als nicht hinreichend angesehen. Sie verfolgten das Ziel der ‚Normalisierung ökonomischer Verwertungslogiken' mittels der Legitimierung der bestehenden Ordnung durch ‚ideologische staatliche Institutionen' (Althusser 1977), wie Behörden, Schule etc. Insbesondere im Poststrukturalismus werden zwei Aspekte von Macht herausgestellt, ihre Relationalität und ihre Revisibilität. So unterliegen sie einem beständigen Spiel, „das in unaufhörlichen Kämpfen und Auseinandersetzungen diese Kräfteverhältnisse verwandelt, verstärkt, verkehrt; die Stützen, die diese Kräfteverhältnisse aneinander finden, indem sie sich zu Systemen verketten – oder die Verschiebungen und Widersprüche, die sie gegeneinander isolieren" (Foucault 1983 [1976], S. 113). Insofern kann sich Macht in konkreten sozialen Situationen äußern, sie bleibt dabei in dieser Konkretisierung aber stets Ausdruck eines Machtgefüges, das in ständiger Bewegung ist. Insofern lässt sich die Konkretisierung von Macht zu Herrschaft ebenso als Ausdruck des Bemühens interpretieren, die ständigen Revisionsprozesse in dem Machtgefüge zu stabilisieren.

Auch lässt sich interpretieren, dass die Bildung und Erhaltung von Institutionen dazu dienen, Machtrelationen zu stabilisieren, wie sie für jene vorteilhaft sind, die (aktuell) über mehr Macht verfügen. Wird das relationale Machtgeflecht sprachphilosophisch gefasst, ist Macht an Sprache gebunden. Macht wird sprachlich vermittelt, Machtgefüge prägen sich mittels Sprache aus und auch Sprache selbst ist Ausdruck von Machtrelationen, etwa in der Art, wer, in welchem Kontext, wie über ‚Etwas' sprechen darf – und wer eben nicht. Da Aussagen nicht allein stehen, sondern relationiert sind, entstehen Diskurse miteinander eng vernetzter sprachlicher Aussagen, die alternative Aussagen ausschließen. Die Diskurse grenzen sich voneinander ab und streben nach Hegemonialität. Infolge der Reversibilität von Machtbeziehungen und sprachlicher Relationen kann aber auch ein hegemonialer Diskurs diese Stellung kaum auf Dauer erhalten, was einen ständigen Kampf um diskursive Hegemonialität zur Folge hat (Glasze und Mattissek 2009; Laclau und Mouffe 1985; Weber 2017).

6.2 Kartographie und politische Systeme

Entsprechend der systemischen Logik von Politik, gemäß dem oben angesprochenen Code Macht vs. Nicht-Macht, gestaltet sich auch der Zugriff des politischen Systems auf Kartographie. Wie bereits in Kapitel 2.1 angesprochen, hatten staatliche Stellen einen entscheidenden Einfluss auf die Entwicklung von Karten, was auch die Erhebung ihnen zugrunde liegender Daten umfasst. Kartographische Aufnahmen waren (und sind es in der Regel bis heute) zeit- und damit kostenintensiv. Insofern war ihre Erstellung in Bezug auf die Generierung von Macht (als generalisierte Kommunikationsmedium des politischen Systems) rechtfertigungsbedürftig. Wie in Kapitel 2.1 bereits deutlich wurde, dienten kartographische Aufnahmen als Grundlage für eine rationelle Staatführung, etwa als Grundlage für zivile und militärische Infrastrukturen. Die kartographische Aufnahme (fremder) Kontinente und der See diente nicht allein wirtschaftlichen Interessen, sondern auch dem Interesse der Ausdehnung politischer Macht. Dabei ging es nicht allein um die Generierung von Kenntnissen über noch nicht kolonisierte Gebiete oder die (möglichst effiziente) Ausbeutung von Kolonien, vielmehr waren Karten Grundlage für die Aufteilung von Kolonien unter den Kolonialmächten, mit der Folge, dass etwa an Gewässern oder am Gradnetz ausgerichtete Einteilung traditionelle räumliche Aktionsmuster der von Kolonisation Betroffenen bis zur Verhinderung einschränkten (unter vielen: Craib 2000; Stone 1988). Auch internationale Konventionen zu Kartographie sind Ausdruck von ungleichen Machtverhältnissen, so konnte sich Großbritannien als bedeutendste Seefahrts- und Kolonialnation auf der Meridian-Konferenz in Washington durchsetzen, denn der Null-Meridian wurde von nun an – auch international – an der Londoner Sternwarte Greenwich ausgerichtet (siehe Kapitel 4). Dies hatte nicht allein zur Folge, dass andere europäische Nationen die jeweiligen nationalen Meridiane (in der Regel an den jeweiligen Hauptstädten oder deren Sternwarten ausgerichtet) aufgeben muss-

Abb. 13 Imperial Federation, map of the world showing the extent of the British Empire in 1886 (Colomb, 1886); Kartenreproduktion mit freundlicher Genehmigung des Norman B. Leventhal Map und Education Center in der Boston Public Library.

ten, auch hatten kolonisierte Gesellschaften kein Mitspracherecht. Die Ausrichtung von Karten auf den Nullmeridian im Kartenzentrum festigte das eurozentristische Weltbild (im Extremfall das British-Empire-zentrische Weltbild, siehe Abbildung 13).

Diese Karte des British Empire von 1886 bietet eine anschauliche Grundlage zur Diskussion über die Darstellung und Wahrnehmung von Macht und Geopolitik im späten 19. Jahrhundert. Sie zeigt, wie Kartographie als Instrument der Propaganda und Machtdarstellung genutzt werden kann. Die Karte verwendet die Mercator-Projektion, die zwar für die Navigation nützlich, aber für eine ‚objektive' Darstellung der Welt ungeeignet ist, da sie die Größe von Landmassen in höheren Breitengraden stark verzerrt. Die kartographische Darstellung ist um den Greenwich-Nullmeridian zentriert. Großbritannien wird durch die Platzierung im Zentrum der Karte und die Hervorhebung seiner Kolonien in Rot als zentrale Macht dargestellt, was einen eurozentrischen und kolonialistischen Blickwinkel widerspiegelt. Andere, nicht-britische Gebiete werden in dieser Form der selektiven Informationsvermittlung weitgehend leer und ohne detaillierte Beschriftungen dargestellt. Diese selektive Darstellung minimiert die Bedeutung und Komplexität der nicht-britischen Regionen und Völker. Diese historische Karte enthält propagandistische Elemente indem durch Symbole und Begriffe wie ‚Freedom, Fraternity, Federation' eine harmonische und gerechte Ordnung innerhalb des British Empire suggeriert wird. Dies steht im starken Kontrast zur historischen Realität der Kolonialherrschaft, die durch Ausbeutung, Gewalt und Unterdrückung geprägt war. Die ikonographische Darstellung von Britannia (in der Bildmitte auf der Weltkugel), die über die Welt herrscht, und die symbolischen, stereotypen Darstellungen der Kolonien durch Tiere und traditionelle Kostüme tragen zur Glorifizierung des Empires bei und verschleiern die Komplexität und Vielfalt der betroffenen Regionen und Kulturen. Indien, das durch einen Elefanten und einen Tiger schnell erkannt wird, erscheint in der linken unteren Ecke, während Australien mit einem Känguru und einem Schaf in der rechten unteren Ecke abgebildet ist.

Wie bereits in Kapitel 4 angesprochen wurde, gehen die UTM-Koordinaten auf die Militärkartographie der NATO zurück und lassen sich als Ausdruck des Interesses der Gewinnung oder zumindest Erhaltung von Macht verstehen. Daraus wird deutlich: Kartographie ist von Beginn an konstitutiv an Macht gebunden, sie stellt keine neutrale oder ‚objektive' Repräsentation von Welt dar. Bei einer kritischen Befassung mit Karten ist es also zentral, sich mit den Einschreibungen von Macht in kartographischen Darstellungen zu befassen.

6.3 Machtgebundenheit von Karten als konstitutives Element kritischer Kartographie

Die Diagnose, dass sich in Karten gesellschaftliche Machtstrukturen spiegeln und diese durch Karten reproduziert werden, setzte sich in den 1980er Jahren in Teilen der Sozialwissenschaften durch und leistete einen erheblichen Beitrag zur Formierung der kritischen Kartographie (Glasze 2014), wie sie bereits in Kapitel 3 thematisiert wurde. Diese analysiert, unter welchem Einfluss von Akteuren bzw. Institutionen Karten zu welchen Zwecken produziert und damit bestimmte Weltbilder hergestellt werden. Harley (1989) forderte, Karten wie Texte zu analysieren und danach zu fragen, was in das Zentrum gerückt und betont wird sowie was dargestellt wird und was nicht. Er zeigt, dass schon in historischen Gesellschaften die eigene Zivilisation in Karten ins Zentrum gerückt wurde und bezeichnet dies als ‚rule of ethnocentricity' (Harley 1989). Glasze (2014) weist experimentell nach, dass die genordete, eurozentrierte Weltkarte auch von Erstsemester-Studierenden reproduziert wird, wenn sie aufgefordert werden, eine Karte zu zeichnen, da diese offensichtlich als ‚normale' Weltkarte erachtet wird (Glasze 2014). Als zweites Beispiel führt Harley die ‚rules of social order' an. Diese besagt, dass in den Karten die sozialen Realitäten bzw. gesellschaftlichen Selbstverständlichkeiten unbewusst immer wieder reproduziert werden. Damit rückt Harley die Karte bzw. das Karten-Machen selbst in das Zentrum der kritischen Analyse und dekonstruiert die scheinbare Objektivität und Neutralität von Karten und Kartographie (Dammann und Michel 2022). Die Überwindung dieses realistischen Abbildparadigmas ist der Startpunkt der kritischen Kartographie (Glasze 2009). Einhergehend damit ist häufig die Forderung das Karten-Machen nicht der wissenschaftlichen Kartographie und ihren Institutionen zu überlassen, sondern diese in einem emanzipatorischen Akt auch für Laien zu öffnen, die durch langjährige Praxis solide Kenntnisse erworben haben (Picker Maleval und Gabaude 2013). Durch die Verbreitung von ‚Volunteered Geographic Information' (VGI), worunter das Sammeln, Erzeugen und Verfügbarmachen von Geoinformationen durch Laien verstanden wird, hat sich die Produktion (digitaler) Karten gewandelt. Ein populäres Beispiel hierfür stellt die Open Street Map (OSM) dar, eine Plattform, die von ‚Prosumern' getragen wird und an der Erzeugung und Verbreitung von ‚Raumwissen' mitwirkt (Felgenhauer 2017).

6.4 Die Multidimensionalität der Relationen von Macht und kartographischen Darstellungen – ein Zugang auf Grundlage des semiotischen Modells

Die Kartographietheorie greift auf unterschiedliche Ansätze der Semiotik, auch Zeichentheorie, zurück. Besondere Bedeutung haben triadische Gliederungen etwa von C. S. Peirce (Peirce 1991, 1998), der in das Repräsentamen (es steht als sein Stellvertreter für das Objekt), das Objekt selbst (also der thematisierte Sachverhalt) und den Interpretant als das ‚interpretierende Bewusstsein' gliedert und insbesondere das Modell von Morris (1938) der Unterscheidung der syntaktischen, semantischen und pragmatischen Dimensionen von Zeichen (Abbildung 14). Bevor wir uns – auf Grundlage des triadischen Modells von Morris den Fragen der Machtgebundenheit in und zwischen den Ebenen der Syntaktik, Semantik und Pragmatik zuwenden, wer-

Abb. 14 Das semiotische Modell der Gliederung von Syntaktik, Semantik und Pragmatik nach Morris (1938) (eigene Darstellung).

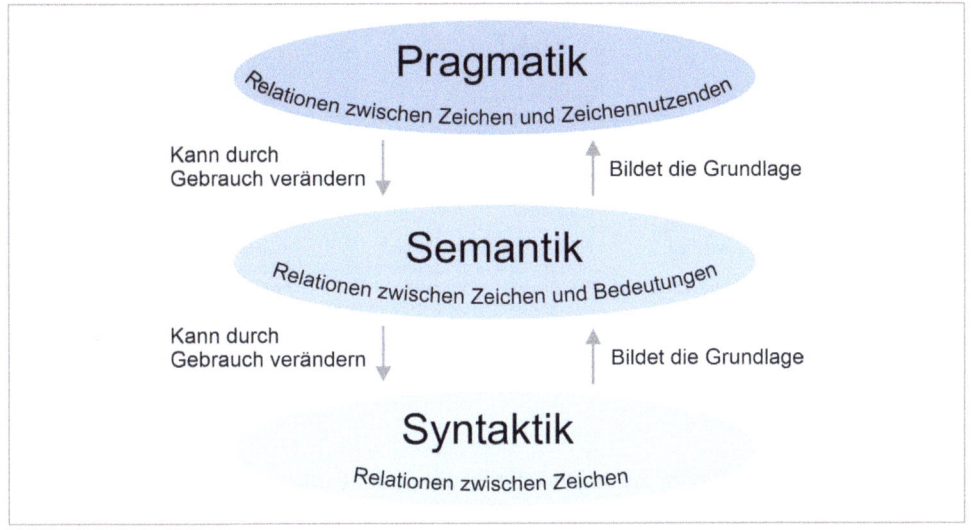

den wir diese in Bezug auf kartographische Darstellungen knapp umreißen (ausführlicher werden Fragen der Kartosemiotik an anderer Stelle behandelt: etwa Freitag 1971, 2008; Wolodtschenko 2011).

Im Kontext der Kartographie wird die syntaktische Dimension durch die graphische Beziehung zwischen Zeichen gebildet (Kartosyntaktik). Die syntaktische Dimension bezieht sich auf Art und Gestaltung von Signaturen, etwa wie sie Ähnlichkeiten und Unterschiede anzeigen. Hierbei handelt es sich letztlich um eine prototheoretische Befassung mit Kartographie, also lediglich um das Feststellen von Unterschieden und Gemeinsamkeiten.

Die kartographische Syntaktik steht in engem Zusammenhang mit der theoretischen Kartographie. J. Bollmann unterscheidet zwischen primären syntaktischen Aspekten, wie der Lage von Zeichen in der georäumlich definierten Zeichenebene, also in der Karte, den Lagebeziehungen und der Gesamtmenge der Zeichen (Kartenbelastung, Lesbarkeit) sowie sekundären syntaktischen Aspekten, wie der Verschiedenheit der graphischen Merkmale von Zeichen und den Beziehungen zwischen graphischen Merkmalen und Zeichen. Die Kartosemantik hingegen befasst sich mit der Relation zwischen Signatur und dem durch sie bezeichneten Gegenstand, aber auch der Relation zwischen den Bedeutungen von Signaturen. Die kartographische Pragmatik (auch Kartopragmatik) bezieht Nutzende von kartographischen Darstellungen ein, indem gefragt wird, welchen Einfluss kartographische Darstellungen auf Karten Nutzende haben. Dies betrifft etwa die Generierung und den Austausch von raumbezogenen Informationen, dies betrifft aber auch den Einfluss auf das Handeln von

Abb. 15 Beispiele zu Kartosyntaktik, -semantik und -pragmatik aus der topographischen Signaturensprache (eigene Darstellung).

Menschen in und in Bezug auf materielle Räume (siehe auch Kapitel 2). Kartosemantik und Kartopragmatik sind Teil kartographischer Theoriebildung. Klassischerweise gilt es in der Kartographie, Signaturen so zu gestalten, dass sie eindeutig unterscheidbar sind (Syntaktik), eindeutig auf etwas anderes verweisen (Semantik) und einen Nutzen stiften (Pragmatik). Während es (besonders deutlich in der topographischen Kartographie) gelingt, diese Kriterien auf Ebene von Syntaktik und Semantik (für Personen mit einer hinreichenden Ausstattung an symbolischem Kapital) zu vereindeutigen, sind auf Ebene der Pragmatik durchaus unterschiedliche Reaktionen möglich (Abbildung 15).

Doch auch die syntaktische und die semantische Dimension von kartographischen Darstellungen sind machtgebunden: So kann die Wahl der technischen Grundlagen (Papier, virtuelle Darstellungen) bestimmte Nutzende ausschließen, ebenso wie die Wahl der Signaturen (ob konkret oder abstrakt) und ihrer Gestaltung (Größe und Farbwahl), auch kann der Kartenausschnitt Ausdruck von einem bestimmten Interesse sein. Auch die Frage der Komplexität des Aufbaus einer Karte (von einschichtig-elementaranalytisch bis mehrschichtig-synthetisch) kann Menschen davon exkludieren, einen semantischen und pragmatischen Zugang zur kartographischen Darstellung zu finden. Semantisch lässt sich der Karteninhalt, hinsichtlich von Vollständigkeit, der Angemessenheit der Signaturen hinterfragen, hinsichtlich von Abgrenzungen und Generalisierungen lassen sich mögliche Verzerrungen untersuchen (insbesondere Vereinfachungen und Auslassungen). Ausgehend von diesen Fragen lässt sich auch der Entstehungs- und Verwertungskontext der kartographischen Darstellung untersuchen, wie auch der soziale und kulturelle Kontext, in dem die Darstellung entstanden ist, insbesondere vor dem Hintergrund der jeweils geltenden Üblichkeiten (die ebenfalls Ausdruck von Machtprozessen und -relationen sind). Ebenso der Kontext diverser Nutzungspraktiken, die allerdings in multimedialen und interaktiven kartographischen Darstellungen variabel sind (siehe Kapitel 2). In interaktiven digitalen Karten wird die traditionelle Karte als Index durch die vielfältigen Bedeutungen geographischer Bilder ersetzt, die alternative Interpretationen ermöglichen, ohne sich strikt an das dargestellte Szenario zu halten. Dadurch wird die feste Beziehung zwischen Zeichen und Bedeutung, wie von Bruno Latour (1999) als ‚zirkulierende Referenz' beschrieben, flexibler. Diese Karten sind nicht mehr nur indexikalische Systeme, sondern bieten semantische Offenheit, die man berücksichtigen muss. Karten sind nun Räume für Aktionen, die durch Design und Benutzeroberfläche ermöglicht werden, ohne dass es ein standardisiertes Nutzungsszenario gibt, das im Voraus festgelegt werden kann (Abend und Harvey 2015).

Ebenso lässt sich – ausgehend von der semantischen Betrachtung – hinterfragen, welche Daten für die Darstellung herangezogen wurden, warum diese als adäquat gelten, warum andere ausgeschlossen wurden, noch weiter gehend: aufgrund welcher Machtverhältnisse überhaupt (diese) Daten erhoben wurden, andere nicht oder in geringerer räumlicher Aussagekraft. Ebenfalls ausgehend von der semantischen Untersuchung lässt sich die Auswahl von Kartengrundlagen, insbesondere von Projektionen, in Frage stellen, da insbesondere Projektionen in der Lage sind, bestimmte Verständnisse von Fläche und Bedeutung zu erzeugen und festzusetzen, die bestimmten Machtinteressen dienen. Damit sind wir schon auf dem Weg zur Pragmatik (und es wird deutlich, dass sich bestimmte Aspekte auch mehr als einer Dimension der Kartosemiotik zuordnen lassen). Kartographische Darstellung haben – wie oben gezeigt – direkte wie auch indirekte Auswirkungen auf das Handeln von Menschen, ob in Bezug auf die Interpretation von Welt, dem Handeln in der Welt, deren gerichtete Veränderung oder eine gerichtete Veränderung von (hier: materieller) Welt, die insbesondere andere Menschen betrifft. Das letztere betrifft kartographische Darstellung der räumlichen Planung, die darauf abzielt, materiell-räumliche Arrangements zu verändern. Aus einem pragmatischen Zugriff auf kartographische Darstellungen lässt sich auch die Frage stellen, wer deren Urheber ist, wer die technischen Voraussetzungen bereitstellt und welche Machtgefüge hierin zum Ausdruck kommen, ob kommerzielle Interessen oder politisches Kalkül oder auch Überlegungen, die eigene Weltsicht als besonders ‚wahrheitsvoll' erscheinen zu lassen. Insofern ist auch die Themenwahl von Karten in ein Gefüge aus Machtrelationen eingebunden, denn schließlich ist der Aufwand, eine Karte zu erstellen mit einem Zweck verbunden. Die Machtrelationen werden dabei bisweilen kenntlich gemacht, häufig werden sie nicht deutlich, nicht zuletzt, weil sie – wie in Abschnitt 6.1 deutlich wurde – normalisiert sind. Doch auch der Anspruch, Karten als machtgebundene Phänomene zu dekonstruieren (kritische Kartographie), ist wiederum nicht frei von Machtrelationen, etwa der diskursiven Deutungsmacht über die Machtgebundenheit anderer. Auch sind Aushandlungsprozesse im *participatory mapping* nicht frei von Machtrelationen. Zum einen erfolgen auch in Prozessen dieser Art der Kartengestaltung Konventionalisierungsprozesse, zum anderen ist auch der Ausschluss von anderen (etwa ‚traditioneller Kartograph~innen) machtbasiert.

6.5 Fallbeispiele zu Macht und Kartographie

Nachdem wir nun – eher abstrakt – die Machtgebundenheit kartographischer Darstellungen auf Grundlage der Kartosemiotik vorgestellt haben, werden wir dies anhand von Fallbeispielen veranschaulichen.

6.5.1 Kartographische Darstellungen und Farbsehstörung

Dass technischer Fortschritt auch unintendierte Nebenfolgen für Personen mit bestimmten Einschränkungen haben kann, wird auch in der Kartographie deutlich: Lange Zeit waren – um Druckkosten zu minimieren – Karten in Publikationen in Graustufen oder sogar schwarz-weiß gehalten. Mit der der Verringerung der Druckkosten für farbige Abbildungen, wie auch der Verbreitung von farbanzeigefähigen Anzeigegeräten elektronischer Daten, ist es Personen mit einer Farbsehschwäche schwerer möglich, kartographische Darstellungen zu dechiffrieren (Edler et al. 2015), aber auch zu erstellen (in der oben gewählten Kategorisierung: ihnen ist der syntaktische Zugriff auf kartographische Darstellungen erschwert oder sogar unmöglich). Von eine Rot-Grünfarbsehstörung sind rund acht Prozent der Männer, aber nur rund 0,5 Prozent der Frauen betroffen (Marx und Sickenberger 2015). In der wissenschaftlichen Kartographie fand dieses Thema durchaus Niederschlag (Krygier und Wood 2016), jedoch wird bei der Erstellung von Kartenwerken kaum auf Personen mit Rot-Grünfarbsehstörung Rücksicht genommen, auch nicht in Schulatlanten. Wenngleich Farbskalen vorliegen, die es Personen mit Farbsehschwäche ermöglichen, kartographische Darstellungen problemfrei zu decodieren und die von Normalsichtigen nicht als unattraktiv wahrgenommen werden (Edler und Kühne 2022a). Wie Personen mit unterschiedlichen Formen der Farbsehschwäche (karto)graphische Darstellungen wahrnehmen, lässt sich mit einschlägigen Werkzeugen testen (etwa: Farbsehschwaeche.de 2024).

6.5.2 ‚Wheelmap' als Ausdruck von Inklusionsbestrebungen

Die ‚Wheelmap' ist ein weiteres Beispiel anhand dessen die Vielschichtigkeit von Inklusionsbemühungen und deren Gelingensbedingungen diskutiert wird (womit wir uns mit der pragmatischen Dimension kartographischer Darstellungen befassen). Wheelmap ist eine Karte für rollstuhlgerechte Orte, die auf offenen (Geo-)Daten basiert und durch Dateneingabe einer offenen Web-Community nach Ampelsystem laufend erweitert wird. Grundlage sind Geodaten der OpenStreetMap einer weltweiten Karte, die ähnlich wie Wikipedia von einer Web-Community erstellt wird und unter freier Lizenz zur Verfügung steht.

Wheelmap soll die Orientierung und Navigation alltäglicher Wege für Personen, die an einen Rollstuhl gebunden sind, erleichtern. 2019 leben in Deutschland leben

Abb. 16 „Das Ampelsystem der Wheelmap" (Wheelmap, o. J.-a).

rund 7,8 Millionen schwerbehinderte Menschen. Die Schwerbehindertenquote liegt demnach bei 9,4 %, wobei mit steigendem Alter die Anzahl der Schwerbehinderten zunimmt. Die Schwerbehindertenquote der über 64-Jährigen liegt bei rund 25 % (Statistisches Bundesamt (Destatis) 2021). Gerechnet nach Art und Schweregrad der Einschränkungen sind rund 1,4 Mio. Menschen in Deutschland dauerhaft auf einen Rollstuhl angewiesen. Wheelmap ist eine Initiative von ‚Sozialhelden e. V.', einem eingetragenen Verein mit dem Ziel, Inklusion zu fördern und öffentliche Aufmerksamkeit zu schaffen. Der Verein ist auf Spendengelder, SponsorInnen und ehrenamtliche Arbeit angewiesen. Die Datenerfassung und Eintragung passiert über die Web-Community und über ‚Mapping Events' mit Ehrenamtlichen. Die Frage danach, ob die Karte tatsächlich die Inklusion von Menschen, die an einen Rollstuhl gebunden sind, erhöht, lässt sich anhand individueller Anwendungsszenarien diskutieren, deren Eingebundenheit in sozio-politische Prozesse berücksichtigt werden müssen. Auf Ebene der verwendeten Symbole und kartographischen Darstellung verwendet Wheelmap vorgeblich harte Kategorien in Form eines Ampelsystems auf Basis messbarer Faktoren. Die Einfachheit der Kategorisierung bietet klare Vorteile für die Datenerfassung und Eintragung, reduziert dadurch aber die Informationsdichte. Weitere Barrieren wie schwergängige Eingangstüren, unterschiedliche Beweglichkeiten (Handrollstuhl vs. Elektrorollstuhl) und beispielsweise unterschiedliche Maße (Breite des Rollstuhls oder enge Fahrstühle) werden in dem Ampelsystem nicht abgebildet. Die Graue Kategorie markiert Bedarfe der Dateneintragung durch die Community. Hier zeigt sich ein starkes Stadt-Land-Gefälle in der Informationsdichte. Darauf, dass eine offene, community-basierte Dateneintragung per se nicht notwendigerweise zu mehr Diversität in der kartographischen Darstellung führt, wurde bereits vielfach hingewiesen (Steinmann et al. 2013; Stephens 2013), die Prinzipien, nach denen durch diese Karte Räume verändert und (re-)konstruiert werden, sind dennoch zugangsoffener und weniger kommerzialisiert. Zum Vergleich: beispielsweise werden auf Wheelmap,

Abb. 17 „Vergleich der Kartenausschnitte zwischen Wheelmap und Google Maps" (Wheelmap, o. J.-b; Google, o. J.).

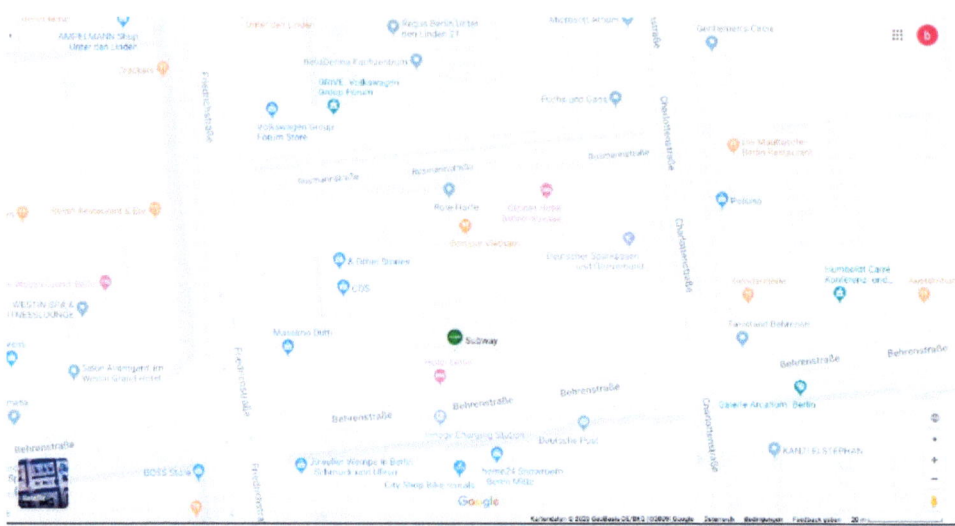

verglichen mit Google Maps keine Markenlogos verwendet (siehe Abbildung 17) und der gesamte Mappingprozess basiert auf den Grundlagen von open access bzw. open data. Bei Google Maps hingegen ist der Vorgang intransparent und hinter den Unternehmensinteressen (beispielsweise der Sammlung und Verarbeitung von Nutzer:innendaten) verborgen.

Durch das offene Teilen von Informationen können Personen mit körperlichen Einschränkungen ernüchternde Erfahrungen erspart bleiben und dadurch Inklusion in Teilen gefördert werden. Gleichzeitig führen die ‚harten' Kategorien dazu, dass rotmarkierte Orte gemieden werden und sich dadurch neue ‚Unsichtbarkeiten' und Exklusionen von Personen mit körperlichen Einschränkungen in öffentlichen Räumen ergeben. Zudem zeigt die Karte auf, dass die Behindertenrechtskonvention mitnichten im gesamten Siedlungsgebiet umgesetzt ist und kann durch das konkrete Aufzeigen von Barrieren den gesellschaftlichen Diskurs um Inklusion/Exklusion bereichern. Die Wheelmap erfüllt also in Teilen die Aufgabe, Inklusion sicherzustellen, ist aber von Dichotomien geprägt: Inklusion ist laut UN-Konvention eine staatliche Aufgabe, die Wheelmap aber kein aus öffentlichen Geldern finanziertes Produkt. Diese Dichotomien verdeutlichen die Herausforderungen, vor denen zivilgesellschaftliche Projekte stehen, wenn sie staatliche Aufgaben übernehmen. Die langfristige Wirksamkeit von Wheelmap hängt daher auch von einer stärkeren institutionellen Unterstützung und Integration in staatliche Inklusionsbemühungen ab. Letztlich zeigt das Projekt, dass offene und gemeinschaftsbasierte Initiativen bedeutende Beiträge zur Inklusion leisten können, jedoch ohne staatliche Verantwortung nicht alle Barrieren überwinden können.

6.5.3 Kartographische Operationalisierung militärischer Überlegungen – das Beispiel sowjetischer Karten von ‚Feindstaaten'

Das Verhältnis von politischer Macht und Kartographie wurde verschiedentlich angesprochen. Ein besonders deutliches Beispiel ist Militärkartographie. Diese beschränkt sich nicht allein auf die kartographische Aufnahme des eigenen Territoriums unter militärischen Gesichtspunkten, sondern erstreckt sich auch auf Territorien von (möglichen Feinden). Ein besonders eindrückliches Beispiel ist die kartographische Aufnahme westlicher Territorien durch die Sowjetunion (Davies et al. 2017; Kent 2021; Kent und Davies 2013): Dabei wurden Ortsnamen ins Kyrillische transliteriert und zumeist phonetisch buchstabiert, um so die Aussprache zu erleichtern, so wurde die englische Stadt Gloucester als ‚ГЛОСТЕР' ‚Gloster' übertragen (Kent 2021). Dabei fertigten sowjetische Kartograph~innen auch sehr großmaßstäbliche Karten (1:10 000), insbesondere von Städten und markierten dort strategisch wichtige Objekte. Während die meisten Gebäude braun eingefärbt wurden, erfolgte bei strategisch wichtigen Objekten eine farbliche Kennzeichnung entsprechend ihrer Funktion (Kent 2021): So wurden militärische/kommunikative Objekte (etwa eine Kaserne) mit grüner Signaturenfarbe kenntlich gemacht, Regierungs-/Verwaltungseinrichtungen (wie etwa ein Rathaus) wurden mit einer violetten Farbe markiert und schwarz wurde für militärisch relevante industrielle oder infrastrukturelle industrielle Einrichtungen (z. B. ein Bahnhof) verwendet. Diese Einrichtungen wurden jeweils mit einer Nummer versehen und am Rand der Karte alphabetisch aufgelistet, gemeinsam mit einem alphabetisch sortierten Straßenverzeichnis. Ziel dieser kartographischen Aufarbeitung bestand darin, im Kriegsfalle Ziele schneller und von weniger qualifiziertem Personal bestimmen zu können (die Übertragung die kyrillische Schreibweise erforderte keine Kenntnisse des lateinischen Alphabetes). In der kartosemiotischen Terminologie ausgedrückt: Der Kreis die Karten potenziell pragmatisch nutzen könnenden Personen wurde dadurch ausgeweitet, indem nicht allein die syntaktische Dimension zugänglich wurde, sondern auch die semantische.

6.5.4 Macht und Manipulation in der kartographischen Darstellung konkret – am Beispiel der Verteilung des Bruttoinlandsproduktes in der Europäischen Union

Durch unterschiedliche Kategorisierung und farbliche Gestaltung, im Folgenden am Beispiel Choroplethen, können dieselben Datengrundlagen (Tabelle 1) in unterschiedlicher Weise mit dem Ziel unterschiedliche Eindrücke zu erwecken, dargestellt werden (Abbildung 18). Bevor auf die einzelnen topographischen Karten eingegangen wird (A, B und C), erscheint ein Blick auf die Kartengrundlage für eine Karten-

Tab. 1 Europäische Union: Bruttoinlandsprodukt (BIP) pro Kopf in den Mitgliedstaaten, in jeweiligen Preisen im Jahr 2022 in Euro (Quelle: statista 2024).

Luxemburg	119 230	Slowenien	27 980
Irland	98 260	Spanien	27 910
Dänemark	63 540	Estland	27 170
Niederlande	53 260	Tschechien	25 830
Schweden	53 160	Litauen	23 620
Österreich	49 440	Portugal	23 310
Finnland	47 990	Lettland	20 720
Belgien	47 250	Griechenland	19 670
Deutschland	46 150	Slowakei	19 590
Frankreich	38 590	Ungarn	17 520
Eurozone	38 470	Polen	17 310
EU-27	35 220	Kroatien	17 240
Italien	32 390	Rumänien	15 040
Malta	31 790	Bulgarien	12 400
Zypern	29 600		

Fallbeispiele zu Macht und Kartographie

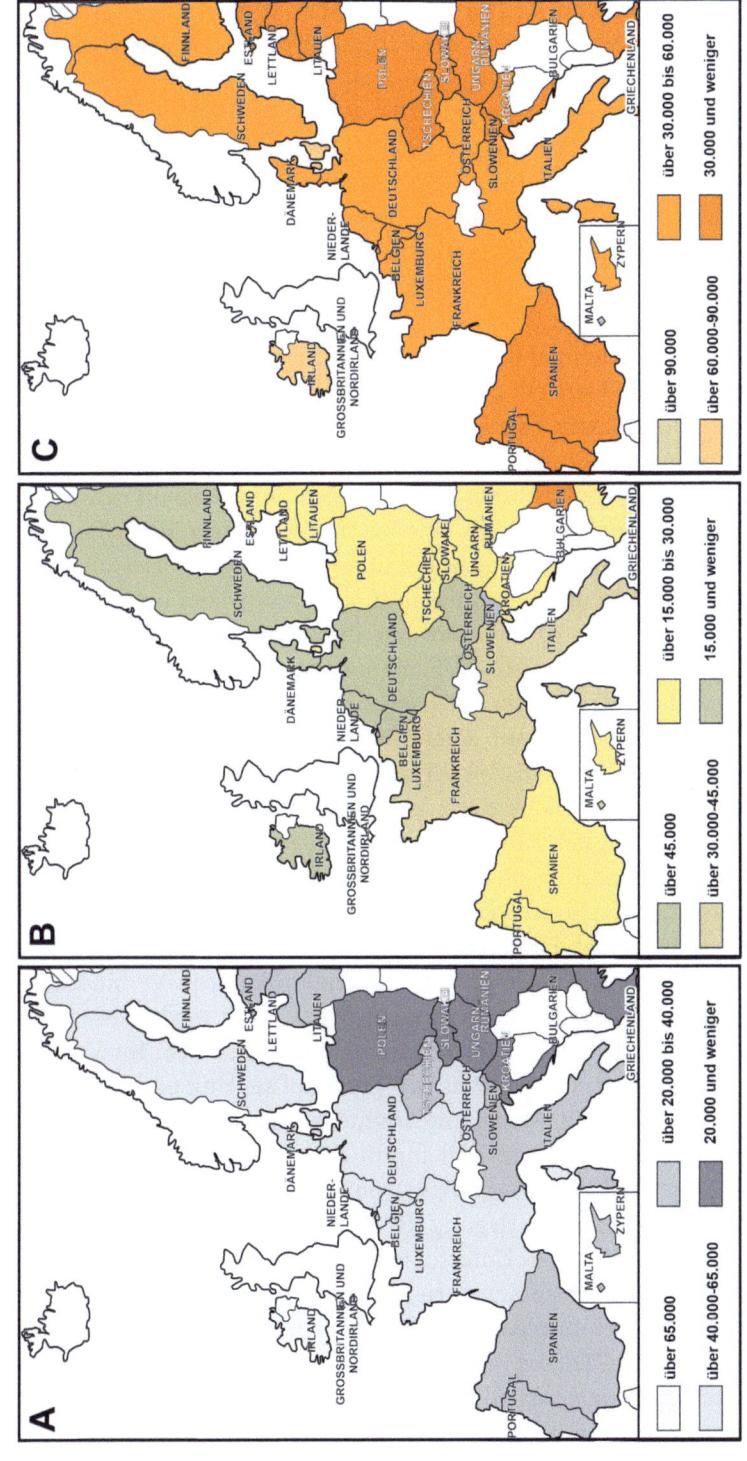

Abb. 18 Kartographische Darstellungen des Bruttoinlandsprodukts (BIP) pro Kopf in den Mitgliedstaaten der EU (Datengrundlage: Tabelle 1; Kartographie: Olaf Kühne).

kritik sinnvoll (Kartosyntaktik): Der Kartenausschnitt ist für den Kartenzweck suboptimal gewählt, denn Staaten, die in der Peripherie der Europäischen Union gelegen sind, sind in Teilen angeschnitten, in Teilen musste eine Sonderlösung (Nebenkarte für Malta und Zypern) gewählt werden. Die Aussage ist stark auf die Mitglieder der EU fokussiert, die Flächenfärbung von Nicht-EU-Mitgliedern ist weiß, wie Meeresflächen, sie sind auch nicht benannt. Dies erschwert eine Kontextualisierung, eine Alternative wäre gewesen, die Werte von Nicht-EU-Mitgliedern teiltransparent zu setzen und sie zu benennen. Um die unterschiedliche Wirkung von Kategorien und Flächenfärbungen zu verdeutlichen, wurden bei den Beispieldarstellungen jeweils vier Wertstufen gewählt. Die Darstellung in A) nutzt Graustufen, was bei einer elementaranalytischen Karte in einschichtiger Darstellung auch als angemessen gelten kann, so ist eine solche Darstellung für Personen mit Farbsehschwäche problemfrei zu erkennen (Kartosemantik), sie kann indes als etwas ‚trist' wirken. Die Graussättigung ist in äquidistanten Stufen angelegt, startend bei 10 Prozent, über 30 und 50 % zu 70 %. Die hohen Sättigungsstufen sind entgegen der Intension den geringen BIP-pro-Kopf-Werten zugeordnet, sodass eine Betonung geringer Werte besteht. Die Kategoriengrenzen sind so angelegt, dass die unteren drei Kategoriestufen etwa gleich besetzt sind, durch die starke Streuung nach oben von Irland und insbesondere Luxemburg ist die oberste Kategorie indes nur durch zwei Staaten besetzt. Insgesamt handelt es sich um die ‚neutralste' Darstellung, was Kategorisierung und Farbwahl betrifft. In Darstellung B) sind die Kategoriengrenzen im Vergleich zu A) abgesenkt, die unterste Kategorie ist mit nur einem Staat (Bulgarien) besetzt, mit Ausnahme der untersten Kategorie ist die Farbwahl so gehalten, dass ein Eindruck nur geringer Gegensätze entsteht. Eine solche Karte könnte dem Interesse dienen, insbesondere dem Staat mit dem gierigsten BIP pro Kopf besondere Unterstützung angedeihen zu lassen, um ihn an den ansonsten recht homogenen Standard anzupassen. Die Farbwahl der Darstellung erschwert Personen mit Farbsehschwäche die Lektüre (ihnen bleibt also die semantische Dimension der Karte vorenthalten). Gleiches gilt auch für die Darstellung C). Dominante Rottöne können damit in Verbindung gebracht werden, es gäbe einen besonderen Handlungsdruck. Dies wird insbesondere durch die nach oben verschobenen Wertekategoriengrenzen deutlich. Im Vergleich zu B) wird hier nicht suggeriert, ein geringes BIP pro Kopf sei ein Sonderfall, sondern die Regel in der EU. Eine solche Darstellung könnte mit der Intension verfasst sein, eine Aussage zu verbreiten, die EU sei mit ihrem Ziel in ihren Mitgliedsstaaten Wohlstand zu fördern, gescheitert. Eine gewisse Ironie im Vergleich zur Kategorienbildung von A) steckt darin, dass die Verlegung der Wertgrenze zur höchsten Kategorie auf 90 000 Euro substanziell keinen Unterschied bedeutet, auch hier fallen allein Luxemburg und Irland in die höchste Kategorie, der Eindruck, der zu entstehen intendiert sein kann, ist indes (auch infolge der Farbwahl) ein anderer: allein zwei Staaten liegen im ‚grünen Bereich'. Dieses recht harmlose Beispiel verdeutlicht, wie mit recht einfachen Mitteln sehr unterschiedlich derselbe Datensatz für sehr unterschiedliche Aussagen herangezogen werden kann (ausführlich: Monmonier 2018), die bei unkritischer Betrachtung handlungsleitend werden können (etwa in Bezug auf Wahlverhalten; Kartopragmatik). Je komplexer die Darstellung wird, desto größer ist gemeinhin auch die Möglichkeit, Darstellungen in interessengebundener Weise zu gestalten. Besonders deutlich wird dies bei synthetischen Karten, da der kartographischen Darstellung der Prozess der Synthetisierung vorgelagert ist, in einer solchen Synthetisierung wiederum kann eine Interessenleitung einfließen, ohne dass sie durch Überprüfung der zugrunde liegenden Daten, wie in unserem Beispiel der Verteilung des Pro-Kopf-BIPs in der EU dekonstruiert werden kann.

6.5.5 Kartographische Darstellungen in Nachrichtenmedien – Migrationsbewegungen, Grenzen und Kriegsschauplätze

Die Mediengebundenheit kartographischer Darstellungen wurde bereits in den 1980er Jahren bezugnehmend auf publizistische Massenmedien thematisiert, war der Zugang einer breiten Öffentlichkeit maßgeblich von den in Nachrichtenmedien vermittelten Abbildungen geprägt (Monmonier 1989). ‚News maps' oder ‚news cartography' gilt als eigenes Genre innerhalb der Kartographie bzw. auch ‚news geography' (Vujakovic 2018). Als Besonderheit dieses Genres gilt, dass Nachrichtenkarten selten für sich allein stehen, sondern in einen gesamten journalistischen Beitrag eingebettet sind und damit häufig nur die Funktion ‚visuellen Beiwerks' oder des ‚Eyecatchers' erfüllen. Sie dienen dazu, bestimmte Informationen hervorzuheben oder zu veranschaulichen, sind jedoch nicht der zentrale Fokus der Publikation. Damit einher geht auch, dass kartographische Darstellungen sich der jeweiligen journalistischen Form der Nachrichtenmedien, Layout und Design bei Zeitungen und Zeitschriften oder den Gestaltungskonventionen eines Fernsehbeitrages, anpassen müssen. Nachrichtenkarten sind in Bezug auf Symbolisierung und Inhalt einfach gestaltet und ohne kartographische Ausbildung verständlich (Monmonier 1989). D. h. syntaktische und semantische Dimensionen der Darstellungen müssen einer breiten Masse zugänglich und, insbesondere im Fall von Fernsehbeiträgen in besonders kurzer Zeit, verständlich sein. „Journalists have mapped the news for decades, if not for centuries" (Usher 2020, S. 248) und Nachrichtenmedien galten lange Zeit als ‚cartographic gatekeeper', als primärer Zugang zu kartographischen Darstellungen (Monmonier 1989), wobei Wetterkarten die in den Nachrichten am häufigsten verwendeten Karten darstellen (Adams 2018b). Kartographischen Darstellungen wird aufgrund ihrer Visualität immer noch eine besondere Form der Glaubwürdigkeit und Autorität zugesprochen: sie gelten als objektiv (Dodge 2014). Unter Bezugnahme, der in Kapitel 3.3 und 6 angesprochenen Verkürzungen ist diese Objektivitätsannahme durchaus problematisch und wird durch journalistische Prinzipien noch verstärkt: Die Idee, Komplexität zu reduzieren gilt für journalistische Beiträge generell und speziell für Nachrichtenkartographien. Letztere steht im Spannungsfeld zwischen dem Anspruch, eine objektive Realität darzustellen und der epistemologischen Unmöglichkeit, dies tatsächlich zu tun. Werden kartographische Darstellungen dem ‚naiven Realismus von Nachrichtendiskursen' hinzugefügt, kann das eine Vereinfachung der Argumente verstärken, unterrepräsentierte Stimmen zum Schweigen bringen oder Ideologien verschleiern (Usher 2020, S. 251). Unter Berücksichtigung dessen, dass unsere individuellen Geographien komplexe intertextuelle Prozesse darstellen, in denen Karten, Bilder und Texte unsere mentalen Landkarten kontinuierlich neu gestalten, ist dennoch davon auszugehen, dass unsere individuellen Vorstellungen von Räumen und Orten stark von kartographischen Darstellungen in Nachrichtenmedien geformt werden (Vujakovic 2018).

Ein weiterer Aspekt beeinflusst maßgeblich die Qualität journalistischer kartographischer Darstellungen: die Produktions- und Arbeitsbedingungen in den Redaktionen, die zunehmend in die Einflusssphären von Internetoligopolen geraten (Sevignani et al. 2024; Theine et al. 2022)[1]. Hierbei sind unterschiedliche Aspekte der Verknüpfung von Kartographie und Journalismus relevant: Journalist:innen sind „map-makers, map-users and map-subjects" (Usher 2020). Als Ersteller:innen von kartographischen Darstellungen prägen sie durch ihre Darstellung von Ereignissen oder Daten die Wahrnehmung und Interpretation dieser Informationen. Herausforderungen in der Produktion, also beispielsweise mangelnde zeitliche oder personelle Ressourcen, können dazu führen, dass Nachrichtenkartendarstellungen nicht von ausgebildeten Kartograph:innen, sondern von Grafiker:innen oder den Journalist:innen selbst gestaltet werden. Zudem greifen Journalist:innen (als Kartennutzer:innen) häufig auf Karten anderer zurück, um redaktionelle Entscheidungen über Produktion und Verbreitung treffen zu können oder um diese direkt in die eigene Berichterstattung einbetten zu können. Schließlich ist ‚der Journalismus' häufig selbst ‚Objekt' kartographischer Darstellungen, beispielsweise in Form von Darstellungen zu Ballungen von Arbeitsplätzen (Usher 2020). In allen diesen Bereichen ist nicht nur eine basale Reflexions- und Kartenlesekompetenz relevant, sondern eine macht- und ideologiekritische Perspektive essenziell für ein vertieftes Verständnis über die Produktions-, Distributions- und Rezeptionsprozesse von kartographischen Darstellungen in Nachrichtenmedien. Die folgenden Beispiele sollen verdeutlichen, wie die beschriebenen Spezifitäten kartographischer Darstellungen in Nachrichtenmedien nicht nur zu Mängeln bezogen auf kartographische Konventionen führen können, sondern generell zu unreflektierter Akzeptanz visueller Darstellungen.

---

1 ‚Media environment capture' beschreibt, wie große ‚big-tech'-Giganten wie Google, Amazon, Meta, Apple und Microsoft die dynamischen Wechselwirkungen zwischen Medienumgebungen und den Informations- und Kommunikationsprozessen innerhalb dieser Umgebungen auf unterschiedlichgen Ebenen beeinflussen (hierzu ausführlich aus Sicht der kritischen politischen Ökonomie: Sevignani et al., 2024; Theine et al., 2022)

6.5.5.1 Migrationsbewegungen

Kartographische Darstellungen zu Migration sind Teil gesellschaftlicher Diskurse um undokumentierte Migrationsbewegungen. Eingesetzt in Nachrichtenmedien wirken sie unterstützend in Phänomenen wie ‚framing', ‚agenda setting' und ‚priming' (Adams 2018b) und müssen als Teil des Gefüges von Narrativen, Praktiken und Bildern gesehen werden, die der Visualisierung von Migrationsbewegungen Bedeutung verleihen (Van Houtum und Bueno Lacy 2020). Die Art und Weise, wie kartographische Darstellungen zu Migrationsbewegungen die Außenpolitik von Nationalstaaten beeinflusst und damit globale Politik gestaltet wird als ‚migration map trap' diskutiert und gliedert sich nahtlos in die fremdenfeindliche Tradition von Propagandakarten ein (Van Houtum und Bueno Lacy 2020). Die Fixierung auf anonyme Massen und die Vermeidung der Darstellung einzelner Personen fördert die Wahrnehmung des abstrakten, entpersonifizierten Flüchtlings. Was Gruppenfotos in der Fotografie sind, sind Pfeile in der Kartographie. Einwanderer werden als bedrohliche Masse dargestellt, die die territoriale Integrität gefährdet (Lenette 2016). Pfeile, die Migration als eine oder mehrere große Strömungen darstellen (siehe Abbildung 19), lösen die gleichen Abwehrreaktionen aus wie Karten, die Sturmbewegungen, militärische Vorstöße oder den Ausbruch von Epidemien zeigen. Das Beispiel zeigt vergleichend eine Karte von ‚Frontex', in der Migrationsbewegungen dargestellt werden und eine ‚Invasionskarte' von Deutschland in die Niederlande aus dem zweiten Weltkrieg.

Abb. 19 Kartographische Darstellungen von Migrationsbewegungen. Beispiel der Karte von „Frontex" und Propagandakarte der Niederlande (Frontex. European Border and Coast Guard Agency, 2017; Van Houtum und Bueno Lacy, 2020).

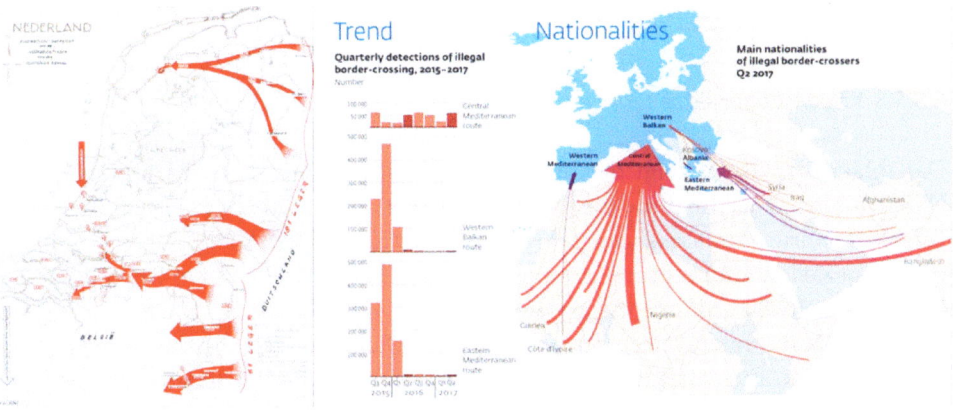

6.5.5.2 Standortabhängige Grenzziehungen

Während die oben genannten Beispiele von kartographischen Darstellungen in ihrer Visualisierung statisch sind, zeigt das folgende Beispiel, wie der eigene Standort (bzw. der Standort des digitalen Devices) die Inhalte und Angebote, die über das Gerät zugänglich sind, beeinflusst. Digitale Karten sind Standortabhängig, so sieht die Grenzziehung nach der Annexion der Krim 2014 aus russischer bzw. ukrainischer Perspektive jeweils anders aus (siehe Abbildung 20).

Abb. 20   Google passt die Grenzen auf der Karte and den Standort der Nutzer:in an (Bensinger, 2020).

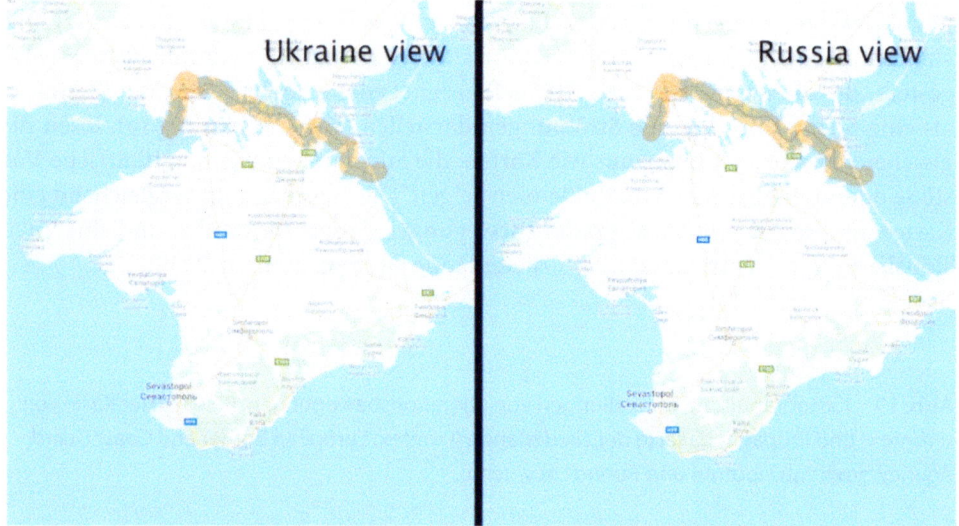

6.5.5.3 Kriegsschauplätze

Das folgende Beispiel zeigt die Interaktivität von multimedialen kartographischen Darstellungen. Das ‚Institute for the Study of War' veröffentlicht eine sich live aktualisierende Karte vom Kriegsgeschehen in der Ukraine (siehe Abbildung 21). Anbieter dieser speziellen interaktiven Kartendarstellungen oder sogenannten ‚story-maps' ist ESRI, der weltweit größte Softwarehersteller für GIS-Software.

Die Nutzung interaktiver kartographischer Darstellungen für das Kriegsgeschehen in der Ukraine wirft nicht nur ethische Fragestellungen auf, sondern birgt potenzielle Probleme hinsichtlich der Sensibilität des Themas und der Genauigkeit der Informationen. Die Entscheidung, das Kriegsgeschehen in der Ukraine als ‚story map' durch einen kommerziellen Anbieter wie ESRI darzustellen, wirft besonders proble-

Fallbeispiele zu Macht und Kartographie 61

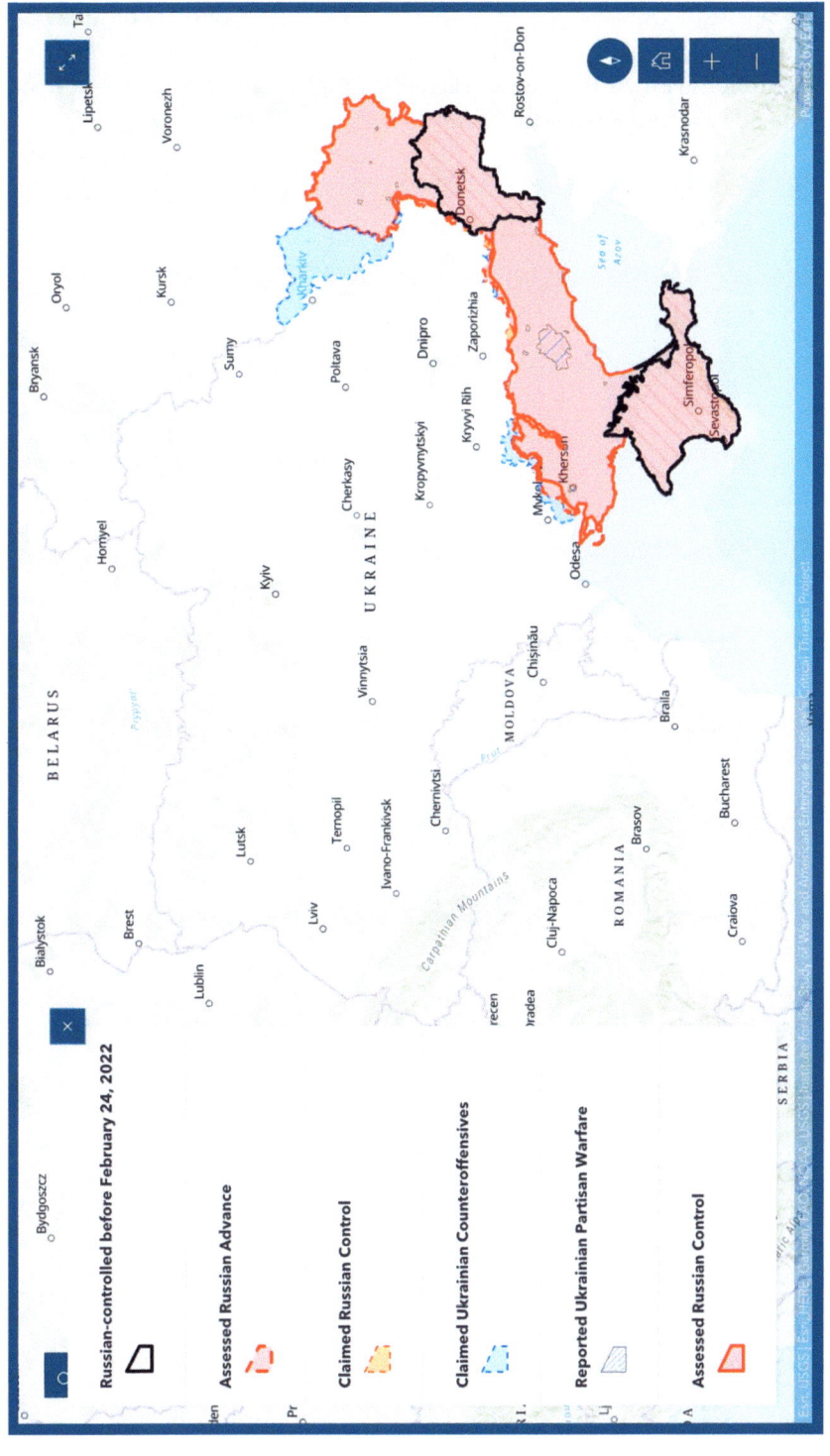

Abb. 21 Abbildung 21: ArcGIS – Interaktive Webkarte zur Invasion von Russland in die Ukraine (Institute for the Study of War, o.J.).

matische Fragen zur Unparteilichkeit und dem möglichen Einfluss kommerzieller Interessen auf die Darstellung auf, insbesondere vor dem Hintergrund potenzieller indirekter Verbindungen zu Kunden aus der Rüstungsindustrie, die GIS-Software für militärische oder sicherheitsrelevante Anwendungen nutzen.

7 Die postkritische Kritik der kritischen Kartographie und die neopragmatistische Redeskription von Kartographie

Die bis hier gemachten Ausführungen haben einerseits die Machtgebundenheit und Manipulierbarkeit kartographischer Darstellungen verdeutlicht, andererseits wurde auch deutlich, dass eine räumliche Orientierung ohne die Nutzung kartographischer Darstellungen sehr erschwert wäre. Aus diesem Dilemma heraus, werden wir uns im Folgenden mit dem Entwurf einer neopragmatistischen Kartographie befassen. Dies geschieht zunächst im Rückgriff auf die in Kapitel 2.1 vorgestellten Entwicklungen der Protokartographie über die traditionelle Kartographie hin zur kritischen Kartographie.

Zwischen der Konstruktion der eigenen Überlegenheit der kritischen Kartographie zur traditionellen Kartographie zeigt sich eine strukturelle Ähnlichkeit des Verhältnisses der traditionellen Kartographie zur prototheoretischen Darstellung von räumlichen Informationen. Beide Verhältnisse sind dadurch geprägt, die das jeweils vorgelagerte Verständnis als unzureichend und überholt dazustellen, wobei im Kontext kritischer Kartographie eine gewisse Reminiszenz von protokartographischem Karten-Machen (‚mapping') zu beobachten ist. Die Kritik an dem jeweils vorgelagerten Zugriff lässt sich auch als Machtdemonstration eines um Hegemonialität ringenden Vokabulars gegenüber – als ‚überkommen' stigmatisierten – Vokabularen verstehen. Vokabulare lassen sich als Plattformen gemeinsamer Rechtfertigungspraxis verstehen (Rorty 1997 [1989]), deren Entstehung sich als „Phänomen sprachlicher Arbeitsteilung" (Putnam 1990, S. 43) verstehen lässt, wobei Vokabulare einem ständigen Wandel unterliegen.

7.1 Neopragmatismus als Grundlage der Kritik der kritischen Kartographie

In den letzten Jahren hat der post-repräsentationalistische und meta-theoretische Neopragmatismus (Putnam 1995, 1997; Rorty 1997 [1989], 2023) auf die Raumwissenschaften (Barnes 2023; Hepple 2008; Jones 2008; Kühne 2023) eingewirkt. Ergebnis war die Entwicklung einer weiteren Emergenzebene kartographischer Raumbefassung (Barnes 2020; Edler und Kühne 2023; Kühne 2021; Kühne et al. 2023; Kühne und Jenal 2020): die zunehmend neopragmatistisch ausgerichtete postkritische Kartographie. Dieses Forschungsprogramm greift zentrale Ansätze der kritischen Kartographie auf, weist andere zurück und integriert redeskriptiv die proto-wissenschaftliche als auch die traditionelle Kartographie. Hier wird der Ansatz des Neopragmatismus – so Rorty im Rückgriff auf Dewey – deutlich, ältere „Innovationen mit neueren zu versöhnen" (Rorty 2023, S. 252). Sie folgt der kritischen Kartographie in deren Feststellung der sozialen Konstruiertheit von kartographischen Darstellungen, verharrt allerdings nicht in der Dekonstruktion, sondern formuliert stattdessen als Ziel, kartographische Darstellungen sollen einerseits nützliche Werkzeuge zur Bewältigung konkreter Probleme sein, andererseits zum Bewusstsein der Kontingenz von Gesellschaft, Sprache und Selbst beitragen und nicht zuletzt Menschen dabei unterstützen, selbst kontingente Vorstellungen von Welt zu entwickeln. Dies kann nicht nur durch Personen ohne professionelle Expertise, durch künstlerische Interpretation von Welt (beides ähnlich der kritischen Kartographie) erfolgen, sondern auch durch professionell Kartographie Praktizierende (die im Bewusstsein der Gefahr machtvoller Weltdeutungen handeln). Dies setzt eine dialektische Sichtweise, die auf konstitutiven Gegensätzen beruht, voraus. In Bezug auf die Wissenschaft wird dies in der Tradition der Frankfurter Schule deutlich. Sie unterscheidet zwischen ‚kritischer' und ‚traditioneller' Wissenschaft (Horkheimer 1977 [1937]). Aus panrelationalistischer Perspektive wird das verbeitete Verharren der kritischen Kartographie in dichotomen Weltkonstruktionen kritisiert. Dieses findet sich etwa in der Konstruktion ‚mächtiger Kartographen' vs. ‚machtloser Laien', wenngleich sich hier infolge der umfassenden Verfügbarkeit von Wissen (hier zu Kartographie) hybride Übergänge vollzogen haben, wie die Prozesse der partizipativen Web 2.0-Kartographie zeigen (Schlottmann 2013). Aus einer postkritischen Perspektive erscheint die Kritik an der positivistischen traditionellen Kartographie zwar einerseits berechtigt, andererseits erscheinen die daraus gezogenen Konsequenzen überzogen. Insofern wird die traditionelle Kartographie als ein kontingenter Ansatz der Weltdeutung verstanden, der sich historisch in Bezug auf die zu bewältigenden Aufgaben bewährt hat, der aber durchaus mit problematischen Nebenfolgen (Versuch der Kontingenzvernichtung durch Vereindeutigung infolge von Machtbindung) verbunden war. Nichtsdestotrotz unterstützen die Ergebnisse der positivistischen Kartographie bis heute den Umgang mit Raum (etwa der Navigation, auch von Fußgängern).

Das ‚post' der postkritischen Kartographie ist – entsprechend dem Verständnis einer neuen Emergenzebene, nicht als zeitliches ‚Danach' zu verstehen, sondern als eine Weiterentwicklung. Die im Vergleich zur kritischen Kartographie weniger kategorische Haltung ist die Folge ihrer wissenschaftstheoretischen Grundlage: An die Stelle eines in weiten Teilen dialektischen Weltbildes rückt der fallibilistische Grundsatz der Bewährungsbedürftigkeit (Dewey 1989; Rorty 1997 [1989]). Entsprechend gibt es auch keine moralischen Kriterien der Selektion in ‚gute' (kritische) und ‚schlechte' (alle anderen) Kartographie(n). Die sprachtheoretische Konzeption des Neopragmatismus in der Tradition von Richard Rorty ermöglicht die Rezyklierung von ‚altehrwürdigen' Vokabularen, in diesem Falle der auch der ‚traditionellen' und der ‚kritischen' Kartographie, die beide den gesellschaftlichen Herausforderungen nicht mehr entsprächen. Diese Redeskription bedeutet eine konstruktivistische Kontextualisierung des unreflektierten Positivismus mit ihren ebenso unreflektierten Machtrelationen bei der ‚traditionellen Kartographie'. Bei der kritische Kartographie, in ihrer Rückbindung an einen aktuellen kritischen Diskurs, der die Auffassung vertritt, abweichende politische Meinungen, wie auch wissenschaftstheoretische Begründungen „seien ein Symptom moralischen Versagens, setzt eine Moralpsychologie voraus, die auf die Vorstellung zurückgeht, Sünde sei eine freie Entscheidung für das Böse – ein vorsätzliches Sichabwenden vom göttlichen Licht" (Rorty 2019 S. 111), erfolgt eine Berücksichtigung der Aspekte, jenseits dieser moralischen Dichotomisierung von Welt. So wird der kritischen Kartographie insbesondere in der Feststellung der sozialen Konstruiertheit von Karten gefolgt, aber auch in ihrer Machtsensibilität, wobei ‚Macht' in neopragmatistischer Vorstellung ein stärker produktives Potenzial zugerechnet wird als in kritischer, wie im folgenden Abschnitt gezeigt wird. Somit werden in die postkritisch-neopragmatistische Kartographie sowohl Elemente der traditionellen wie auch der kritischen Kartographie eingewoben.

7.2 Neopragmatistische Kartographie als Redeskription

In seiner Redeskription der Kartographie erweist sich der neopragmatistische Ansatz als sensibel für Machtverhältnisse, womit er strukturell an die kritische Kartographie anschließt. Dies resultiert aus seiner Konzeption als Sprachphilosophie. Diese fokussiert soziale Praxen, welche wiederum aus der Interaktion von Menschen resultieren. In der Relation von Menschen wiederum gibt es keine „machtsterilen Verhältnisse" (Popitz 1992, S. 272). Ein zentraler Unterschied zwischen anderen Sprachphilosophien (etwa die von Foucault 1983 [1976]; siehe Abschnitt 6.1) hebt der Neopragmatismus indes nicht die einschränkende Wirkung von Macht hervor, sondern fokussiert auf deren befähigende Dimension. So versteht Rorty (1982) Macht als eines von vielen anderen praktischen Werkzeugen mit denen Menschen in die Lage versetzt sind, nützliche Dinge zu tun (gleiches gilt etwa auch für Wissenschaft; siehe ausführlicher: Allen 2008). So interpretiert Rorty Macht in Bezug auf Dewey (1958) nicht einfach als passiv erfahren, sondern interpretiert Macht als mit Bedeutung aufgeladen und als Ausgangspunkt (neuer oder gewandelter) sozialer Interaktion (Allen 2008). Macht entsteht in relationalen Kontexten und ist einem steten Wandel unterworfen, sie ist daher nicht eindeutig zu bestimmen und kann nicht als stabile Ressource akkumuliert werden (Allen 2008; Kretz 2023; Rorty 1991). Dadurch kann sich das Verhältnis von ‚Macht' und ‚Minder-Macht' (Paris 2005) stets wandeln.

Um dies auf Vokabulare zu beziehen: Vokabulare, können dominant werden, andere Vokabulare in der Deutungshoheit ablösen, wobei die unterlegenen Vokabulare wiederum danach streben können, die Deutungsmacht zurückzugewinnen. Eine Alternative davon stellt das neopragmatistische Vorgehen dar: Anstelle eines privilegierten Zugangs zu ‚Wahrheit' (Rorty 2023) zu beanspruchen, prüft ein neopragmatistischer Zugriff, hier auf Kartographie, welche Teile ‚altehrwürdiger' Vokabulare (hier der Kartographie) noch in Bezug auf eine (kontingente) Deskription von räumlichen Relationen nützlich sein können (Kühne 2024). In Bezug auf kritische und traditionelle Kartographie erkennt der neopragmatistische Zugriff an, dass es sich um zwei Aspekte von Welt handelt, deren Befassung wechselseitig nicht substituierbar ist (Kühne et al. 2025): die traditionelle Kartographie befasst sich mit der Orientierung in der (in der Regel materiellen) Welt. Die kritische Kartographie ist auf die Orientierung in der Welt der Ideen und der Interpretation von Welt ausgerichtet. Dem neopragmatistischen Diktum folgend, dass wir „nicht in repräsentationaler, sondern in kausaler Weise" (Heindl 2023, S. 10) auf die ‚Welt da draußen' bezogen sind (Rorty 1997 [1989]), gilt es, Lösungen für praktische Probleme zu finden. Wenn Ergebnisse, die auf Grundlage einer positivistischen Grundposition heraus gewonnen worden sind, hierzu einen Beitrag leisten (also auch die traditionelle Kartographie), kann diese Perspektive als ein Weltkonstruktionsmodus in neopragmatistische Redeskriptionen integriert werden. Angesichts dieser Überlegungen wird deutlich, dass ‚Wahrheit' in repräsentationalem Verständnis weder zu erreichen noch anzustreben ist. Die Tauglichkeit von neopragmatistischen Redeskriptionen bemisst sich dabei an drei Kriterien (Kühne et al. 2024):

1) Zum Zeitpunkt ihrer Erzeugung (!) müssen Redeskriptionen eine größere Tauglichkeit aufweisen, ‚Welt' (im Kontext Kartographie: in der Regel ‚Welt da draußen', außer wir befassen uns mit eigenen mental maps – das wäre ein Sonderfall) zu deuten, als es die ‚althergebrachte' Vokabulare konnten.
2) Redeskriptionen müssen so gestaltet sein, dass sie, wenn sie ‚altehrwürdig' geworden sein werden, in künftige Redeskriptionen integriert werden können.
3) Redeskriptionen müssen die Kontingenz[2] von Welt verdeutlichen und kontingente (in der Regel neue) Weltdeutungen ermöglichen.

Bei neopragmatistischen kartographischen Darstellungen – hier zeigt sich das pragmatistische Erbe des Neopragmatismus in besonderer Weise – erfolgt eine Fokussierung der Darstellung auf den eigentlichen Zweck der Darstellung, Informationen, die nicht dem Zweck der Darstellung dienlich sind, sollten nicht aufgeführt werden. Kurzum: Es sollte geprüft werden, welche Darstellungen einer inhaltlich gerechtfer-

---

2 Als Kontingenz lässt sich das verstehen, das weder unmöglich noch zwingend ist, hier in Anschluss an Luhmann (1984). Das Kontingente ist also etwas, das (im Rahmen bestimmter Bedingungen) möglich ist, aber nicht notwendigerweise so eintreten muss.

tigten Kontextualisierung dienen – oder welche bestenfalls überflüssig sind oder irreführend oder – schlimmstenfalls – zum Zwecke der Manipulation eingesetzt werden. Dies gilt etwa für die topographischen Grundlagen einer themakartographischen Darstellung. Hier empfiehlt es sich, auf solche Informationen zu verzichten, die keinen Mehrwert für die Interpretation versprechen (Punkt 1 der oben genannten drei Punkte). Insbesondere, um die Kontingenz einer kartographischen Weltdeutung hervorzugeben, lässt sich das Stilmittel der Ironie einsetzen (zum letzten der genannten drei Punkte). Ironie lässt sich bei kartographischen Darstellungen durch eine Auswahl von Themen, Daten oder Darstellungsmethoden, oder aber die Kombination davon, die jenseits des Üblichen liegt, umsetzen (ausführlicher: Edler und Kühne 2022b; Kühne und Jenal 2020; Kühne und Koegst 2022; ein Beispiel zeigt Abbildung 22). Herausforderung bei der Nutzung von Ironie ist dabei stets, zu reflektieren, dass die Fähigkeit zur Ironie von der Verfügbarkeit kulturellen Kapitals (Bourdieu 1987 [1979]), insbesondere in seiner inkorporierten Form (im weitesten Sinne des erworbenen Wissens). Der Einsatz von Ironie gegenüber von Personen, die nicht über das notwendige kulturelle Kapital verfügen, die Ironie zu dechiffrieren, hat eher eine distinktive Wirkung und sollte vor dem Hintergrund des auf Integration, nicht auf Exklusion ausgerichteten Weltverständnisses des Neopragmatismus (Rorty 2023) unterlassen werden.

Als panrelationalistische Theorie, die davon ausgeht, dass Aussagen über sich und die Welt nur jeweils in Relationen zu anderen Aussagen (insbesondere innerhalb eines Vokabulars) Gültigkeit haben, existieren keine nicht rechtfertigungsbedürftigen Standards (etwa eines privilegierten Weltzugriffs durch Expert ~innen). Dies bedeutet, hier im Kontext der Kartographie, dass Karten Erstellenden die Rechtfertigungslast ihrer Entscheidungen für ihre Darstellungen obliegt. Dies bedeutet die Transparenz in Bezug auf die Wahl des Themas (und der Begründung von dessen Relevanz), in Bezug auf die Auswahl von Daten, aber auch in Bezug auf die Auswahl der Formen der kartographischen Codierung. Solche Darlegungen erleichtern nicht allein die Nachvollziehbarkeit der Entscheidungen der Karten Erstellenden und schaffen so eine größere Transparenz (insbesondere im Vergleich zu kartographischen Darstellungen, die dazu dienen können oder sollen, das Verständnis von Welt zu manipulieren). Die Transparenz in Bezug auf Entscheidungen im Kartenerzeugungsprozess folgt auch dem oben genannten Kriterium zwei: Wenn Entscheidungen gerechtfertigt sind, können sie eher in erneute Redeskriptionen eingebunden werden, als wenn eine kartographische Darstellung als Ergebnis nicht transparent gemachter Entscheidungen für sich alleine steht. Ein Beispiel einer kartographischen Darstellung, die auf neopragmatistischen Überlegungen fußt, findet sich in Abbildung 22.

Abb. 22 Eine (karto-)graphische Darstellung, die sich aus den Überlegungen zur neopragmatistischen Kartographie ableitet (eigene Darstellung, aus: Kühne, Berr und Koegst 2023).*

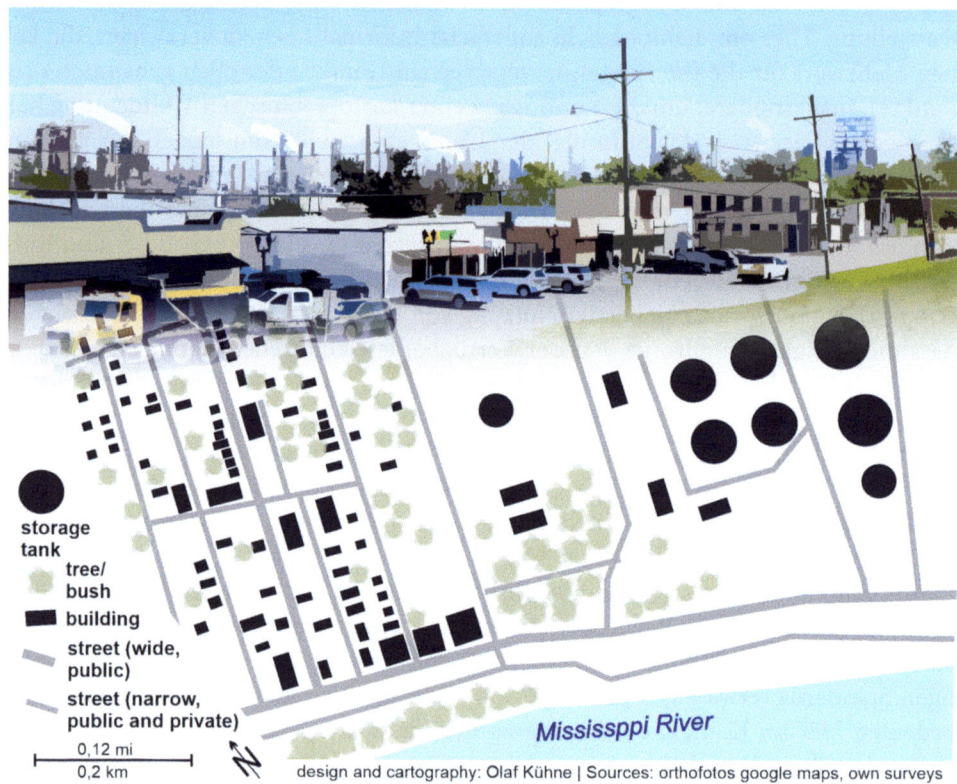

* Dargestellt ist Norco, Louisiana, im so genannten ‚Cancer Corridor' oder ‚Cancer Alley' zwischen Baton Rouge und New Orleans, der durch stark erhöhte Krebsraten gekennzeichnet ist, wie auch eine ohne Präsenz der Anlagen der petrochemischen Industrie (zu den Zusammenhängen, siehe: Blodgett 2006; Lee und Black 2017; Singer 2011). Die (karto)graphische Darstellung entstand im Kontext von Untersuchungen zu ‚Oilscapes' (Kühne, Koegst und Berr 2023; Kühne, Berr und Koegst 2023) in denen Einschreibungen der petrochemischen Industrie in den als Landschaft gedeuteten materiellen Raum, individuelles Erleben und insbesondere soziale Konstruktionsprozesse untersucht wurden. Ziel der Darstellung war einerseits die enge Verzahnung zwischen den Anlagen der petrochemischen Industrie sowie der Siedlung vorzustellen (auf der Objekt-Ebene), andererseits auch die Kontingenz von Landschaftskonstrukten zu verdeutlichen (auf der Meta-Ebene). Um dies zu erreichen wurde hier eine comic-hafte Aufrissdarstellung (im Ligne Claire-Stil) mit einer Kartogrammdarstellung (als erweiterter Schwarzplan) dargestellt. Die Fokussierung auf die zentrale Aussage begründet (hier in der Tradition pragmatistischen Denkens) diese stark reduzierte kartographische Ausdrucksform. Die Aufrissdarstellung im oberen Teil der wiederum hat einerseits zum Ziel, landschaftsbezogenen Sehgewohnheiten von Personen ohne Professionalisierung in Bezug auf Landschaft haben,

gerecht zu werden, andererseits auch einen Eindruck von der Gestaltung von Siedlung und Industrie zu vermitteln. Mit dieser Form der Darstellung soll auch ein Kontrapunkt zur verbreiteten Ästhetisierung petrochemischer Anlagen im Modus der Erhabenheit gesetzt werden (siehe dazu: Löschnigg 2017; Loveland 2018). Das Setzen des Kontrapunkts zum ästhetischen Modus der Erhabenheit wird aus neopragmatistische Perspektive dadurch nötig, da – wie Richard Rorty (2023) – feststellt, ‚Erhabenheit' als Ausdruck einer nichtsäkularen Sehnsucht nach einem hinter den Erscheinungen zu findenden ‚Wesen' der Dinge zu verstehen ist.

Fazit 8

Kartographische Darstellungen sind nicht nur technische Artefakte, sondern komplexe, multimediale Konstrukte, die tief in gesellschaftliche und politische Kontexte eingebettet sind. Eine fundierte Auseinandersetzung mit ihnen erfordert daher eine interdisziplinäre Herangehensweise, die sowohl die technischen Grundlagen als auch die sozialen und machtpolitischen Implikationen berücksichtigt.

Kartographische Darstellungen sind in vielfacher Hinsicht machtgebunden. Sie sind nicht nur Werkzeuge zur Orientierung und Visualisierung, sondern reflektieren und verstärken Machtstrukturen. Sie können exkludierend wirken, wie zum Beispiel durch die Verwendung bestimmter Farben, die für Menschen mit Farbsehstörungen schwer lesbar sind. Gleichzeitig können sie jedoch auch zur Erweiterung von Lebenschancen und zur Emanzipation beitragen, indem sie marginalisierten Gruppen Sichtbarkeit und Handlungsfähigkeit verleihen.

In diesem Buch werden kartographische Darstellungen als mediengebunden und medienvermittelt konzeptualisiert. Sie sind Teil eines Prozesses der Remediation, bei dem traditionelle Darstellungsformen in neue Medienformate überführt werden. ‚Einfache' Anwendungen, wie Kartenlesen, Orientierung oder Navigation werden von außerhalb des Mediums ‚in' das Medium verlagert – „the map transforms into a cybernetic sign that is able to react to user input. The map becomes an action space and map usage is not a passive activity but a performative act since user inputs influence the presentation of geographic space while navigating the interface, for example by voluntarily or involuntarily triggering specific actions within a location and map based game" (Abend und Harvey 2015, S. 3 f.). Das verdeutlicht, dass kartographische Darstellungen einerseits in Alltagshandlungen und damit tief in Machtstrukturen eingebettet und manipulierbar bzw. manipulierend sind, und andererseits bestimmte Funktionen, wie beispielsweise räumliche Orientierung, erfüllen und für diese unerlässlich sind. Um manipulative Kartographie einfacher erkennen zu können, haben wir in Kastentext 2 15 Fragen entwickelt, mit Hilfe derer sich kartographische Darstellungen diesbezüglich untersuchen lassen.

Kastentext 2

Manipulative Kartographie – Hilfen zu deren Auffinden
(Karto)graphische Darstellungen können dem Zweck der Generierung von Wissen über die Welt dienen, sie können aber auch in manipulativer Absicht erzeugt werden. Dies bedeutet, sie werden mit der Absicht erstellt, bestimmte Interpretationen von Welt zu erzeugen, häufig werden sie auch mit impliziten normativen Handlungsaufforderungen konnotiert. Mit dem Ziel, eine Einschätzung zu erhalten, ob und in welchem Grad eine Darstellung zu manipulativen Zwecken taugt (oder dafür gestaltet ist), haben wir folgenden Fragenkatalog entwickelt:

1. Gibt der Titel der (karto)graphischen Darstellung deren Inhalt angemessen wieder?
2. Ist die (karto)graphische Darstellung angemessen kontextualisiert (etwa in einen Text eingebunden oder unterstützen andere Karten, Tabellen, Grafiken u. a. eine triangulative Interpretation)?
3. Wird aus der Darstellung oder ihrer Beschriftung deutlich, auf welchen Zeitpunkt/Zeitraum sich die Karte bezieht?
4. Ist der Kartenausschnitt angemessen gewählt (sind alle relevanten Teilräume dargestellt, wenn nein, gibt es dafür eine Begründung)?
5. Insbesondere bei kleinmaßstäblichen Karten: Ist die Projektion so gewählt, dass sie zum Inhalt angemessen ist (etwa Flächentreue, wenn ein Vergleich der Flächengröße relevant ist)?
6. Sind Toponyme gebräuchlich wiedergegeben? (Dies ist insbesondere dann relevant, wenn die Benennung in einer Sprache es nahelegen könnte, dass territoriale Ansprüche auf einen anderen Staat damit verbunden sein könnten.)
7. Sind die Datenquellen nachvollziehbar offengelegt? Lassen sich diese überprüfen? Sind die Daten korrekt wiedergegeben?
8. Ist die Urheberin/der Urheber der (karto)graphischen Darstellung benannt? Kann davon ausgegangen werden, dass dieser primär im Sinne eines Erkenntnisinteresses handelt (etwa Wissenschaft) oder verfolgt sie oder er ein Interesse jenseits von Erkenntnis, etwa der Generierung von politischem Einfluss, wirtschaftlichem Erfolg etc.? (Dieser Punkt ist durchaus heikel, da die Gefahr besteht, Behörden, Unternehmen, Wirtschaftsverbände, Nichtregierungsorganisationen, Zeitungen und Magazine unter einen generellen Verdacht zu stellen. Das ist nicht unser Ziel, es sollte aber bei der Prüfung betreffender Darstellungen ein besonderes Augenmerk darauf gerichtet werden. Auch ist nicht auszuschließen, dass Darstellungen aus der Wissenschaft fehlerhaft oder manipulativ gestaltet sind).

9. Werden quantitative Angaben proportional zu den zugrunde liegenden Werten graphisch dargestellt? Wenn nein, ist dies in der Legende klar benannt?
10. Gibt es eine Legende? Wenn ja, ist diese vollständig? Wenn nein, ist die Karte auch ohne Legende nachvollziehbar (betrifft insbesondere Karten und Kartogramme in einschichtiger Darstellung)?
11. Ist die farbliche Gestaltung der Signaturen intuitiv verständlich?
12. Ist die farbliche Gestaltung der (karto)graphischen Darstellung so angelegt, dass auch Personen mit Farbsehschwäche in der Lage sind, sie (ohne technische Hilfsmittel) zu lesen?
13. Bei sprechenden/konkreten Signaturen: a) Sind diese intuitiv (in Bezug auf das avisierte Zielpublikum) verständlich? b) Enthalten diese beleidigende/diskriminierende Elemente?
14. Bei synthetischen Karten: Wird nachvollziehbar dargelegt, wie die Synthese der zugrunde liegenden Daten erfolgte? Warum wurden diese Entscheidungen getroffen?
15. Begründet die Urheberin/der Urheber ihre/seine Entscheidungen für Art und Gestaltung der (karto)graphischen Darstellung? (Ist insbesondere bei komplexeren Darstellungen relevant)

Sind viele dieser Fragen mit ‚nein' zu beantworten, sollte dem Verdacht nachgegangen werden, ob es sich um eine manipulative Darstellung handelt. Bevor weiteren Hinweisen nachgegangen wird, sollte noch einmal am Kontext geprüft werden, ob es sich bei der Darstellung nicht um eine solche der ironischen Kartographie handelt, die bewusst mit den Prinzipien der kartographischen Kodierung (Kapitel 5, aber auch thematischen Ausrichtungen, spielt, um Kontingenz von Weltdeutungen zu erweitern und zu erzeugen. Besteht der Verdacht manipulativer Darstellung, sollte die Darstellung nicht als Quelle herangezogen werden, sondern lediglich als Objekt der Untersuchung genutzt werden. Soll der Verdacht auf manipulative Darstellung erhärtet werden, gilt es, insbesondere die kontextuelle Einbindung der Darstellung genauer zu untersuchen. Leitende Fragen können hier sein: Ist der Kontext so gestaltet, dass eine spezifische Deutung von Welt bevorzugt wird? Ist diese Deutung durch (wissenschaftliche) Ergebnisse nachvollziehbar (dargelegt)? Gibt es ein Eigeninteresse der Urheberin/des Urhebers, das jenseits der Generierung von Kenntnissen über Welt liegt (siehe auch die Ausführungen zu Punkt 8 oben)? Gibt es andere Darstellungen (kartographischer, graphischer und textlicher Art), die auf ein manipulatives Interesse der Urheberin/des Urhebers hindeuten? Ist mit der Darstellung (implizit oder explizit) eine normative Handlungserwartung verbunden?

Dieses Spannungsverhältnis stellt uns vor das Dilemma, das die Grundlage für die Entwicklung einer neopragmatistischen Kartographie bildet. Diese Form der Kartographie basiert auf der postkritischen Kritik der kritischen Kartographie und integriert die theoretischen Grundlagen des Neopragmatismus, wie sie von Denkern wie Putnam und Rorty formuliert wurden.

Die neopragmatistische Kartographie greift zentrale Ansätze der kritischen Kartographie auf, weist andere zurück und integriert redeskriptiv sowohl die proto-wissenschaftliche als auch die traditionelle Kartographie und folgt dem neopragmatistischen Grundsatz, diese Konzepte miteinander zu versöhnen. Während die kritische Kartographie die soziale Konstruiertheit von kartographischen Darstellungen betont, geht die neopragmatistische Kartographie einen Schritt weiter: Sie verharrt nicht in der Dekonstruktion, sondern strebt danach, Karten zu schaffen, die als nützliche Werkzeuge zur Bewältigung konkreter Probleme dienen und gleichzeitig das Bewusstsein für die Kontingenz von Gesellschaft, Sprache und Selbst fördern.

Ein zentraler Unterschied zwischen der kritischen und der neopragmatistischen Kartographie liegt in der weniger kategorischen Haltung der Letzteren. Anstelle eines dichotomen Weltbildes, wie es in der kritischen Kartographie oft zu finden ist, verfolgt die neopragmatistische Kartographie einen fallibilistischen Ansatz, der auf die Bewährungsbedürftigkeit von Karten setzt. Es gibt keine moralischen Kriterien der Selektion zwischen ‚guter' (kritischer) und ‚schlechter' (traditioneller) Kartographie. Vielmehr wird anerkannt, dass beide Ansätze wertvolle Beiträge zur Interpretation von Raum und Welt leisten können.

Die neopragmatistische Kartographie legt großen Wert auf Transparenz und Reflexion im Prozess der Kartenerstellung. Karten Erstellende müssen ihre Entscheidungen hinsichtlich Thema, Daten und Darstellungsformen rechtfertigen und transparent machen. Dies erhöht nicht nur die Nachvollziehbarkeit und Transparenz der Karten, sondern erleichtert auch ihre Integration in zukünftige Redeskriptionen. Diese Transparenz und die Bereitschaft zur Reflexion stellen sicher, dass kartographische Darstellungen nicht zur Manipulation eingesetzt werden, sondern zur Aufklärung und Lösung praktischer Probleme beitragen.

Ein weiterer wichtiger Aspekt der neopragmatistischen Kartographie ist die Anerkennung der Machtverhältnisse, die in jeder kartographischen Praxis enthalten sind. Macht wird hier nicht nur als unterdrückende, sondern auch als befähigende Dimension verstanden. Durch diese Perspektive wird deutlich, dass Machtverhältnisse stets im Wandel sind und nicht als stabile Ressourcen akkumuliert werden können. Dies führt zu einer dynamischen Sichtweise auf kartographische Darstellungen und deren soziale Kontexte.

Zusammengefasst bietet die neopragmatistische Kartographie eine innovative und reflektierte Herangehensweise, die die Stärken verschiedener kartographischer Traditionen vereint. Sie strebt danach, nützliche und kontingenzbewusste Karten zu erstellen, die praktische Probleme lösen und ein tiefes Verständnis für die soziale Konstruiertheit der Welt fördern. Durch ihre Betonung von Transparenz und Reflexion stellt sie sicher, dass kartographische Darstellungen nicht nur wissenschaftlich fundiert, sondern auch ethisch verantwortungsvoll sind.

Literaturverzeichnis

Abend, P. & Atteneder, H. (2021). Geomediatisierung. In T. Bork-Hüffer, H. Füller & T. Straube (Hrsg.), *Handbuch Digitale Geographien: Welt – Wissen – Werkzeuge* (S. 50–63). utb.

Abend, P. & Harvey, F. (2015). Maps as geomedial action spaces: Considering the shift from logocentric to egocentric engagements. *GeoJournal*, 1–13. https://doi.org/10.1007/s10708-015-9673-z

Adams, P. C. (2009). *Geographies of Media and Communication: A Critical Introduction.* Wiley-Blackwell.

Adams, P. C. (2010). A taxonomy for communication geography. *Progress in Human Geography, 35*(1), 37–57. https://doi.org/10.1177/0309132510368451

Adams, P. C. (2018a). Mapping Geomedia. Charting the Terrain of Space, Place and Media. In K. Fast, A. Jansson, J. Lindell, L. Ryan Bengtsson & M. Tesfahuney (Hrsg.), *Geomedia Studies. Spaces and Mobilities in Mediatized Worlds* (S. 41–60). Routledge.

Adams, P. C. (2018b). Migration Maps with the News: Guidelines for ethical visualization of mobile populations. *Journalism Studies, 19*(4), 527–547. https://doi.org/10.1080/1461670X.2017.1375387

Adams, P. C. & Jansson, A. (2012). Communication Geography: A Bridge Between Disciplines. *Communication Theory, 22*(3). https://doi.org/10.1111/j.1468-2885.2012.01406.x

Adekoya, A. A. & Guse, L. (2020). Walking Interviews and Wandering Behavior: Ethical Insights and Methodological Outcomes While Exploring the Perspectives of Older Adults Living With Dementia. *International Journal of Qualitative Methods, 19*, 1609406920920135. https://doi.org/10.1177/1609406920920135

Allen, J. (2008). Pragmatism and power, or the power to make a difference in a radically contingent world. *Geoforum, 39*(4), 1613–1624. https://www.sciencedirect.com/science/article/pii/S0016718507000978

Althusser, L. (1977). *Ideologie und ideologische Staatsapparate. Aufsätze zur marxistischen Theorie* (Positionen, Bd. 3). Hamburg: VSA.

Arendt, H. (1970). *Macht und Gewalt*. München: Piper.

Arnberger, E. (1993). *Thematische Kartographie* (3. Aufl.). Braunschweig: Westermann.

Ash, J. (2013). Rethinking affective atmospheres: Technology, perturbation and space times of the non-human. *Geoforum, 49*, 20–28. https://doi.org/10.1016/j.geoforum.2013.05.006

Ash, J., Kitchin, R. & Leszczynski, A. (2016). Digital turn, digital geographies? *Progress in Human Geography, 42*(1), 25–43. https://doi.org/10.1177/0309132516664800

Ash, J., Kitchin, R. & Leszczynski, A. (Hrsg.). (2019). *Digital geographies*. SAGE.

Atteneder, H. (2022). *Machtasymmetrien in geomediatisierten Welten. Geomedien als Konzept zur Neubewertung der Dialektik von Raum/Ort und Medien*. Springer.

Bachmann-Medick, D. (2009). *Cultural Turns. Neuorientierung in den Kulturwissenschaften*. Rowohlt.

Bachmann, G. & Wittel, A. (2006). Medienethnographie. In R. Ayaß und J. Bergmann (Hrsg.), *Qualitative Methoden der Medienforschung* (S. 183–219). Rowohlt.

Bagrow, L. (2017). *History of Cartography* (2. Aufl.). London: Taylor und Francis.

Barnes, B. (2013 [1974]). *Scientific Knowledge and Sociological Theory*. London: Routledge.

Barnes, T. J. (2020). Rorty, conversation and the power of maps. In L. W. Robert und J. Wills (Hrsg.), *The power of pragmatism. Knowledge production and social inquiry* (S. 102–116). Manchester: Manchester University Press.

Barnes, T. J. (2023). Towards a pragmatist economic geography. *Environment and Planning A*. https://doi.org/10.1177/0308518X231203087

Bauder, M. (2021). Raum. In T. Bork-Hüffer, H. Füller & T. Straube (Hrsg.), *Handbuch Digitale Geographien: Welt – Wissen – Werkzeuge* (S. 77–91). utb.

Belinskaya, Y. & Rodriguez-Amat, J. R. (2024). City Choreographies: Mapping textures in the urban communicative space. *GI_Forum* (in Druck).

Bensinger, G. (2020, Februar 14). Google redraws the borders on maps depending on who's looking. *Washington Post*. https://www.washingtonpost.com/technology/2020/02/14/google-maps-political-borders/

Berg, M. & Düvel, C. (2012). Qualitative media diaries: An instrument for doing research from a mobile media ethnographic perspective. *Interactions: Studies in Communication und Culture, 3*(1), 71–89. https://doi.org/10.1386/iscc.3.1.71_1

Blodgett, A. D. (2006). An Analysis of Pollution and Community Advocacy in ‚Cancer Alley': Setting an Example for the Environmental Justice Movement in St James Parish, Louisiana. *Local Environment 11*(6), 647–661. https://doi.org/10.1080/13549830600853700

Boczkowski, P. & Lievrouw, L. A. (2008). Bridging STS and Communication Studies: Scholarship on Media and Information Technologies. In E. J. Hackett, O. Amsterdamska, M. Lynch & J. Wajcman (Hrsg.), *The Handbook of Science and Technology Studies* (S. 949–977). MIT Press.

Bolger, N. & Laurenceau, J.-P. (2013). *Intensive Longitudinal Methods: An Introduction to Diary and Experience Sampling Research*. Guilford Publications.

Bolter, J. D. & Grusin, R. (2000). *Remediation: Understanding new media*. MIT Press.

Bourdieu, P. (1987 [1979]). *Die feinen Unterschiede. Kritik der gesellschaftlichen Urteilskraft* (Suhrkamp Taschenbuch Wissenschaft, Bd. 658). Frankfurt (Main): Suhrkamp.

Brantner, C. (2018). Von Geovisualisierung bis zur verorteten Bildlichkeit. Lokative Medien und Geomedien in der Visuellen Kommunikationsforschung. In K. Lobinger (Hrsg.), *Handbuch Visuelle Kommunikationsforschung* (S. 1–24). Springer.

Buschauer, R. & Willis, K. S. (Hrsg.). (2013). *Locative Media. Medialität und Räumlichkeit. Multidisziplinäre Perspektiven zur Verortung der Medien*. Transcript.

Calleja, G. (2011). *In-Game: From Immersion to Incorporation.* The MIT Press. https://doi.org/10.7551/mitpress/8429.001.0001

Christl, W. & Spiekermann, S. (2016). *Networks of control*. facultas.

Colomb, J. C. R. (1886). *Imperial Federation, map of the world showing the extent of the British Empire in 1886* [Map]. MacClure@Co; Norman B. Leventhal Map und Education Center Collection. https://collections.leventhalmap.org/search/commonwealth:x633f896s

Couldry, N. (2004). Theorising media as practice. *Social Semiotics, 14*(2), 115–132. https://doi.org/10.1080/1035033042000238295

Couldry, N. (2006). Akteur-Netzwerk-Theorie und Medien: Über Bedingungen und Grenzen von Konnektivitäten und Verbindungen. In A. Hepp, F. Krotz, S. Moores & C. Winter (Hrsg.), *Konnektivität, Netzwerk und Fluss* (S. 101–117). VS Verlag für Sozialwissenschaften. https://doi.org/10.1007/978-3-531-90019-3_6

Couldry, N. & McCarthy, A. (2004). Introduction. Orientations: Mapping MediaSpace. In N. Couldry und A. McCarthy (Hrsg.), *Mediaspace. Place, scale and culture in a media age* (S. 1–18). Routledge.

Couldry, N. & Mejias, U. A. (2019). *The costs of connection: How data is colonizing human life and appropriating it for capitalism*. Stanford University Press.

Craib, R. B. (2000). Cartography and Power in the Conquest and Creation of New Spain. *Latin American Research Review, 35*(1), 7–36. https://doi.org/10.1017/S002387910001829X

Crampton, J. & Krygier, J. (2005). An Introduction to Critical Cartography. *ACME: An International Journal for Critical Geographies, 4*(1), 11–33.

Crampton, J. W. (2003). *The Political Mapping of Cyberspace*. Chicago: University of Chicago Press.

Dahrendorf, R. (1972). *Konflikt und Freiheit. Auf dem Weg zur Dienstklassengesellschaft*. München: Piper.

Dahrendorf, R. (1983). *Die Chancen der Krise. Über die Zukunft des Liberalismus*. Stuttgart: Deutsche Verlags-Anstalt DVA.

Dammann, F. & Michel, B. (2022). Kritisches Kartieren – zur Einführung. In F. Dammann & B. Michel (Hrsg.), *Handbuch Kritisches Kartieren* (Sozial- und Kulturgeographie, S. 9–22). Bielefeld: transcript.

Das, M., Hecht, B. & Gergle, D. (o. J.). The Gendered Geography of Contributions to OpenStreetMap. In S. Brewster, G. Fitzpatrick, A. Cox & V. Kostakos (Hrsg.), *Proceedings of the 2019 CHI Conference on Human Factors in Computing Systems* (S. 1–14). ACM. https://doi.org/10.1145/3290605.3300793

Davies, J., Kent, A. J. und Risen, J. (2017). *The red atlas. How the Soviet Union secretly mapped the world*. Chicago: University of Chicago Press. http://redatlasbook.com/.

de Souza e Silva, A. (2006). From Cyber to Hybrid: Mobile Technologies as Interfaces of Hybrid Spaces. *Space and Culture, 9*(3), 261–278. https://doi.org/10.1177/1206331206289022

Dewey, J. (1958). *Art as experience* (Capricorn books, Bd. 1, 12. impr). New York, NY: Putnam.

Dewey, J. (1989). *Freedom and Culture* (Greats books in philosophy). New York: Prometheus Books.

Dickmann, F. (2018). *Kartographie* (Das Geographische Seminar). Braunschweig: Westermann.

Dodge, M. (2014). Mapping and geovisualization. In S. C. Aitken und G. Valentine (Hrsg.), *Approaches to Human Geography. Philosophies, Theories, People and Practices* (2nd edition, S. 289–305). Sage.

Döring, J. & Thielmann, T. (Hrsg.). (2009a). *Mediengeographie: Theorie – Analyse – Diskussion*. transcript.

Döring, J. & Thielmann, T. (Hrsg.). (2009b). *Spatial Turn. Das Raumparadigma in den Kultur- und Sozialwissenschaften* (2., unveränd. Aufl.). Transcript Verl.

Dorsch, C. & Reithmeier, C. (2021). Soziale Medien. In T. Bork-Hüffer, H. Füller & T. Straube (Hrsg.), *Handbuch Digitale Geographien: Welt – Wissen – Werkzeuge* (S. 231–243). utb.

Edler, D. & Kühne, O. (2022a). Aesthetics and Cartography: Post-Critical Reflections on Deviance in and of Representations. *ISPRS – International Journal of Geo-Information, 11*(10). https://doi.org/10.3390/ijgi11100526

Edler, D. & Kühne, O. (2022b). Deviant Cartographies: A Contribution to Post-critical Cartography. *KN – Journal of Cartography and Geographic Information*, 1–14. https://doi.org/10.1007/s42489-022-00110-w

Edler, D. und Kühne, O. (2023). Post-Critical Cartography and Deviance: Overcoming Dysfunctional Aspects of Critical Cartography?! *Abstracts of the International Cartographic Association (ICA) 6*(58), 1. https://doi.org/10.5194/ica-abs-6-58-2023

Edler, D., Edler, S. und Dickmann, F. (2015). Eine empirische Studie zu Effekten von simulierter Gründblindheit (Deuteranopie) auf das kartenbasierte Positionsgedächtnis. *Kartographische Nachrichten, 65*(4), 183–194.

Edney, M. H. (2019). *Cartography. The ideal and its history*. Chicago: The University of Chicago Press.

Elias, N. (1997 [1939]). *Über den Prozeß der Zivilisation. Soziogenetische und psychogenetische Untersuchungen* (Suhrkamp-Taschenbuch Wissenschaft, 158/159, 20., neu durchgesehene und erweitere Auflage). Frankfurt (Main): Suhrkamp.

Elwood, S. & Leszczynski, A. (2013). New spatial media, new knowledge politics. *Transactions of the Institute of British Geographers, 38*(4), 544–559. https://doi.org/10.1111/j.1475-5661.2012.00543.x

Evans, J. & Jones, P. (2011). The walking interview: Methodology, mobility and place. *Applied Geography, 31*(2), 849–858. https://doi.org/10.1016/j.apgeog.2010.09.005

Farbsehschwaeche.de. (2024, 08. April). Jetzt Farbenblindheit simulieren. https://www.farbsehschwaeche.de/simulation. Zugegriffen: 8. April 2024.

Fast, K., Jansson, A., Tesfahuney, M., Ryan Bengtsson, L. & Lindell, J. (2018). Introduction to Geomedia Studies. In K. Fast, A. Jansson, J. Lindell, L. Ryan Bengtsson & M. Tesfahuney (Hrsg.), *Geomedia Studies. Spaces and Mobilities in Mediatized Worlds* (S. 1–17). Routledge.

Felgenhauer, T. (2017). „Volunteered Geographic Information" between empowerment and simplification – a social-geographical contribution for discussion. *KN-Journal of Cartography and Geographic Information, 67,* 11–17.

Fischer-Stabel, P. (2018). *Datenvisualisierung. Vom Diagramm zur Virtual Reality* (utb-studi-e-book, Bd. 5028). München: UVK.

Forbrukerrådet, T. N. C. C. (2020). Out of Control: How consumers are exploited by the online advertising industry. https://www.forbrukerradet.no/undersokelse/no-undersokelsekategori/report-out-of-control/

Foucault, M. (1983 [1976]). *Der Wille zum Wissen. Sexualität und Wahrheit* (Suhrkamp-Taschenbuch Wissenschaft). Frankfurt (Main): Suhrkamp.

Foucault, M. (2012 [1985]). *Discipline and Punish: The Birth of the Prison.* New York: Knopf Doubleday Publishing Group.

Foucault, M. (2019 [frz. Original 1975]). *Überwachen und Strafen. Die Geburt des Gefängnisses.* Frankfurt (Main): Suhrkamp.

Freitag, U. (1971). Semiotik und Kartographie. Über die Anwendung kybernetischer Disziplinen in der theoretischen Kartographie. *Kartographische Nachrichten, 21,* 171–182.

Freitag, U. (2008). Von der Physiographik zur kartographischen Kommunikation – 100 Jahre wissenschaftliche Kartographie. *KN – Journal of Cartography and Geographic Information, 58*(2), 59–67. https://doi.org/10.1007/BF03543975

Frith, J. & Kalin, J. (2015). Here, I Used to Be. *Space and Culture, 19*(1), 43–55. https://doi.org/10.1177/1206331215595730

Frith, J. & Richter, J. (2021). Building participatory counternarratives: Pedagogical interventions through digital placemaking. *Convergence.* https://doi.org/10.1177/1354856521991956

Frontex. European Border and Coast Guard Agency. (2017). *FRAN Quarterly.* Frontex.

Glasze, G. (2009). Kritische Kartographie. *Geographische Zeitschrift* 97 (4), 181–191.

Glasze, G. (2014). Sozialwissenschaftliche Kartographie-, GIS- und Geoweb-Forschung. *Kartographische Nachrichten* 64 (3), 123–129.

Glasze, G. & Mattissek, A. (2009). Die Hegemonie- und Diskurstheorie von Laclau und Mouffe. In G. Glasze und A. Mattissek (Hrsg.), *Handbuch Diskurs und Raum. Theorien und Methoden für die Humangeographie sowie die sozial- und kulturwissenschaftliche Raumforschung* (S. 153–179). Bielefeld: transcript.

Goggin, G. & Hjorth, L. (2009). *Mobile technologies: From telecommunications to media* (Bd. 20). Routledge.

Google. (o. J.). [Screenshot von Google Maps, Suchbegriff: Berlin, Deutschland]. *Google Maps.* Abgerufen am 10. Januar 2020, von https://www.google.com/maps.

Göttlich, U. (2008). Zur Kreativität des Handelns in der Medienaneignung: Handlungs- und praxistheoretische Aspekte als Herausforderung der Rezeptionsforschung. In C. Winter, A. Hepp & F. Krotz (Hrsg.), *Theorien der Kommunikations- und Medienwissenschaft* (S. 383–400). VS Verlag für Sozialwissenschaften. https://doi.org/10.1007/978-3-531-90778-9

Greenhough, B. (2014). More-than-human Geographies. In R. L. Castree und R. Kitchen (Hrsg.), *The SAGE Handbook of Human Geography: Two Volume Set: Vol. 2* (S. 94–119). SAGE. https://doi.org/10.4135/9781446247617.n6

Griffero, T. (2014). *Atmospheres: Aesthetics of emotional spaces*. Ashgate Pub.

Grossberg, L. (1988). Postmodernity and Affect: All Dressed Up with No Place to Go. *Communication, 10*(3–4), 271–293.

Gryl, I. & Jekel, T. (2012). Re-centring Geoinformation in Secondary Education: Toward a Spatial Citizenship Approach. *Cartographica, 47*(1), 18–28.

Habermas, J. (1981). *Theorie des kommunikativen Handelns*. Frankfurt (Main): Suhrkamp.

Hake, G., Grünreich, D., Meng, L. (2002). *Kartographie. Visualisierung raum-zeitlicher Informationen* (8., vollständig neu bearbeitete und erweiterte Aufl.). Berlin: de Gruyter.

Harley, J. B. (1989). Deconstructing The Map. *Cartographica: The International Journal for Geographic Information and Geovisualization, 26*(2), 1–20. https://doi.org/10.3138/E635-7827-1757-9T53

Hartmann, M. (2008). Domestizierung 2.0: Grenzen und Chancen eines Medienaneignungskonzeptes. In C. Winter, A. Hepp & F. Krotz (Hrsg.), *Theorien der Kommunikations- und Medienwissenschaft* (S. 401–416). VS Verlag für Sozialwissenschaften. https://doi.org/10.1007/978-3-531-90778-9

Hartmann, M. (2013). *Domestizierung. Reihe Konzepte – Ansätze der Medien- und Kommunikationswissenschaft*. Nomos.

Hasse, J. (2017). Die Abwesenheit der Phänomenologie in der deutschen Humangeographie. *Geographica Helvetica, 72*(3), 351–360. https://doi.org/10.5194/gh-72-351-2017

Heindl, A. (2023). Richard Rortys Kritik der Erkenntnistheorie: Demokratischer Anti-Repräsentationalismus. In M. Müller (Hrsg.), *Handbuch Richard Rorty* (1st ed. 2023, S. 581–596). Wiesbaden: Springer Fachmedien.

Hektner, J. M., Schmidt, J. A. & Csikszentmihalyi, M. (2007). *Experience Sampling Method. Measuring the Quality of Everyday Life*. SAGE Publ.

Hennermann, K. und Woltering, M. (2014). *Kartographie und GIS. Eine Einführung* (2., überarb. Aufl.). Darmstadt: WBG.

Hepple, L. W. (2008). Geography and the pragmatic tradition: The threefold engagement. *Geoforum, 39*(4), 1530–1541. https://doi.org/10.1016/j.geoforum.2008.06.002

Hipfl, B. (2004). Mediale Identitätsräume. Skizzen zu einem „spatial turn" in der Medien- und Kommunikationswissenschaft. In B. Hipfl, E. Klaus & U. Scheer (Hrsg.), *Identitätsräume. Nation, Körper und Geschlecht in den Medien. Eine Topografie* (S. 16–50). Transcript-Verlag.

Hohmann, F., Belli, A. & Hepp, A. (2023). Software presentation: MeTag Analyze and MeTag App media diary software. *Mobile Media und Communication, 205015792211353*. https://doi.org/10.1177/20501579221135356

Horkheimer, M. (1977 [1937]). *Traditionelle und kritische Theorie. Fünf Aufsätze.* Frankfurt (Main): Fischer.

Horkheimer, M. & Adorno, T. W. (1969). *Dialektik der Aufklärung. Philosophische Fragmente.* Frankfurt (Main): Fischer.

Ingold, T. (2008). Against Space: Place, Movement, Knowledge. In P. W. Kirby (Hrsg.), *Boundless Worlds* (S. 29–44). Berghahn Books. https://doi.org/10.1515/9781782382157-003

Institute for the Study of War. (o. J.). ArcGIS – ISW Ukraine Invasion Interactive Web Map. Abgerufen 17. Juni 2024, von https://www.arcgis.com/home/webmap/viewer.html?webmap=9f04944a2fe84edab9da31750c2b15eb&extent=36.6605,47.7199,36.6815,47.7363

Jansson, A. (2007). Texture: A key concept for communication geography. *European Journal of Cultural Studies, 10*(2), 185–202. https://doi.org/10.1177/1367549407075904

Jansson, A. (2013). Mediatization and Social Space: Reconstructing Mediatization for the Transmedia Age. *Communication Theory, 23*(3), 279–296. https://doi.org/10.1111/comt.12015

Jansson, A. (2022). *Rethinking Communication Geographies: Geomedia, Digital Logistics and the Human Condition.* Edward Elgar Publishing. https://doi.org/10.4337/9781789906271

Jansson, A. & Falkheimer, J. (2006). Towards a Geography of Communication. In J. Falkheimer und A. Jansson (Hrsg.), *Geographies of Communication. The Spatial Turn in Media Studies* (S. 9–25). Nordicom.

Jenkins, H. (2006). *Convergence culture: Where old and new media collide.* University Press.

Johnson, J. L. (2011). Non-Representational Theory: Space, Politics, Affect. *Emotion, Space and Society, 4*(3), 195–196. https://doi.org/10.1016/j.emospa.2011.02.005

Jones, O. (2008). Stepping from the wreckage: Geography, pragmatism and anti-representational theory. *Geoforum, 39*(4), 1600–1612. https://doi.org/10.1016/j.geoforum.2007.10.003

Jung, B., Sachs-Hombach, K. & Wilde, L. R. A. (Hrsg.). (2021). *Agency postdigital: Verteilte Handlungsmächte in medienwissenschaftlichen Forschungsfeldern.* Herbert von Halem Verlag.

Kant, I. (1959 [1781]). *Kritik der reinen Vernunft.* Hamburg: Felix Meiner Verlag.

Kaufmann, K. & Peil, C. (2019). The mobile instant messaging interview (MIMI): Using WhatsApp to enhance self-reporting and explore media usage in situ. *Mobile Media und Communication, 2050157919852392.* https://doi.org/10.1177/2050157919852392

Kaun, A. (2010). Open-Ended Online Diaries: Capturing Life as it is Narrated. *International Journal of Qualitative Methods, 9*(2), 133–148. https://doi.org/10.1177/160940691000900202

Kazig, R. (2024). Atmosphären und Landschaft. In O. Kühne, F. Weber, K. Berr & C. Jenal (Hrsg.), *Handbuch Landschaft* (S. 755–762). Springer Fachmedien Wiesbaden. https://doi.org/10.1007/978-3-658-42136-6_55

Kent, A. J. (2013). From a dry statement of facts to a thing of beauty. Understanding aesthetics in the mapping and counter-mapping of place. *Cartographic Perspectives, 73,* 39–60. https://repository.canterbury.ac.uk/item/87062/from-a-dry-statement-of-facts-to-a-thing-of-beauty-understanding-aesthetics-in-the-mapping-and-counter-mapping-of-place.

Kent, A. J. (2017). Trust Me, I'm a Cartographer: Post-truth and the Problem of Acritical Cartography. *The Cartographic Journal, 54*(3), 193–195. https://doi.org/10.1080/00087041.2017.1376489

Kent, A. J. (2021). The Soviet military 1:10,000 city plan of Dover, UK (1974). *International Journal of Cartography, 7*(2), 245–251. https://doi.org/10.1080/23729333.2021.1910185

Kent, A. J. & Davies, J. M. (2013). Hot geospatial intelligence from a Cold War: the Soviet military mapping of towns and cities. *Cartography and Geographic Information Science, 40*(3), 248–253. https://doi.org/10.1080/15230406.2013.799734

Kim, A. M. (2015). Critical cartography 2.0: From „participatory mapping" to authored visualizations of power and people. *Landscape and Urban Planning, 142,* 215–225. https://doi.org/10.1016/j.landurbplan.2015.07.012

King, A. C. & Woodroffe, J. (2017). Walking Interviews. In P. Liamputtong (Hrsg.), *Handbook of Research Methods in Health Social Sciences* (S. 1–22). Springer Singapore. https://doi.org/10.1007/978-981-10-2779-6_28-1

Kitchin, R. & Dodge, M. (2011). *Code/Space. Software and Everyday Life.* The MIT Press.

Kitchin, R., Lauriault, T. P. & Wilson, M. W. (Hrsg.). (2017). *Understanding spatial media.* SAGE.

Kohlstock, P. (2018). *Kartographie* (4. Aufl.). Stuttgart: UTB; Schöningh.

Krajina, Z., Moores, S. & Morley, D. (2014). Non-media-centric media studies: A cross-generational conversation. *European Journal of Cultural Studies, 17*(6), 682–700. https://doi.org/10.1177/1367549414526733

Kretz, D. (2023). Essays on Heidegger and Others: Philosophical Papers, Vol. 2 (1991). In M. Müller (Hrsg.), *Handbuch Richard Rorty* (1st ed. 2023, S. 239–251). Wiesbaden: Springer Fachmedien.

Krotz, F. (2007). The meta-process of „mediatization" as a conceptual frame. *Global Media and Communication, 3*(3), 256–260. https://doi.org/10.1177/17427665070030030103

Krygier, J. & Wood, D. (2016). *Making Maps. A Visual Guide to Map Design for GIS* (3rd ed.). New York: Guilford Publications.

Kubey, R., Larson, R. & Csikszentmihalyi, M. (1996). Experience Sampling Method Applications to Communication Research Questions. *Journal of Communication, 46*(2), 99–120. https://doi.org/10.1111/j.1460-2466.1996.tb01476.x

Kubitschko, S. & Kaun, A. (Hrsg.). (2016). *Innovative methods in media and communication research.* Palgrave Macmillan.

Kuhn, T. S. (1970). *The structure of scientific revolutions* (2. Aufl., 2 Bände). Chicago: The University of Chicago Press. (Originalarbeit erschienen 1962).

Kühne, O. (2021). Contours of a ‚Post-Critical' Cartography – A Contribution to the Dissemination of Sociological Cartographic Research. *KN – Journal of Cartography and Geographic Information,* 1–9. https://doi.org/10.1007/s42489-021-00080-5

Kühne, O. (2023). Foodscapes – a Neopragmatic Redescription. *Berichte. Geographie und Landeskunde, 96*(1), 5–25. https://doi.org/10.25162/bgl-2022-0016

Kühne, O. (2024). *Redescribing Horizontal Geographies. A Neopragmatist Approach to Spatial Contingency, Complexity, and Relationships.* Cham: Springer International.

Kühne, O. & Jenal, C. (2020). Baton Rouge (Louisiana): On the Importance of Thematic Cartography for ‚Neopragmatic Horizontal Geography'. *KN – Journal of Cartography and Geographic Information, 71*(1), 23–31. https://doi.org/10.1007/s42489-020-00054-z

Kühne, O. & Koegst, L. (2022). Cartographic Representations of Coastal Land Loss in Louisiana. An Investigation Based on Deviant Cartographies. *KN – Journal of Cartography and Geographic Information*, 1–12. https://doi.org/10.1007/s42489-022-00120-8

Kühne, O., Berr, K. & Koegst, L. (2023). Contingency and Landscape. Basic Considerations on Graphic and Cartographic Representations in Recourse to the Concept of Inverse Landscapes as a Contribution to Deviant Cartographies with Examples on Louisiana. *KN – Journal of Cartography and Geographic Information*, 1–12. https://doi.org/10.1007/s42489-023-00145-7

Kühne, O., Koegst, L. & Berr, K. (2024). *Oilscapes of Louisiana – Neopragmatic Reflections on the Ambivalent Aesthetics of Landscape Constructions*. Wiesbaden: Springer Fachmedien.

Kühne, O., Edler, D., Lohmann, P. & Berr, K. (2025). Kartographische Vokabulare und ihre Redeskription zwischen theoretischer Reflexion und Anforderungen der praktischen Weltbewältigung. Neopragmatistische Überlegungen zu historischen Entwicklungen und den Herausforderungen Künstlicher Intelligenz. *Berichte. Geographie und Landeskunde.* In Druckvorbereitung.

Laclau, E. & Mouffe, C. (1985). *Hegemony and Socialist Strategy. Towards a Radical Democratic Politics.* London: Verso.

Lapenta, F. (2011). Geomedia: On location-based media, the changing status of collective image production and the emergence of social navigation systems. *Visual Studies*, 26(1), 14–24. https://doi.org/10.1080/1472586x.2011.548485

Latour, B. (1993). *We have never been modern*. Harvard Univ. Press.

Latour, B. (1999). *Pandora's hope: Essays on the reality of science studies*. Harvard University Press.

Latour, B. (2005). *Reassembling the social: An introduction to actor-network-theory*. Oxford Univ. Press.

Laxton, P. (Hrsg.). (2002). *The new nature of maps. Essays in the history of cartography*. Baltimore: John Hopkins University Press.

Lee, T. und Black, M. (2017). *Cancer Alley: Big Industry, Big Problems*. http://www.msnbc.com/interactives/geography-of-poverty/se.html. Zugegriffen: 10. Januar 2020.

Lefebvre, H. (1974). La production de l'espace. *L'Homme et la Société*, 31/32(2), 15–32.

Lenette, C. (2016). Writing With Light: An Iconographic-Iconologic Approach to Refugee Photography. *Forum Qualitative Sozialforschung/Forum: Qualitative Social Research*, 17(2). https://doi.org/10.17169/FQS-17.2.2436

Leszczynski, A. (2015). Spatial media/tion. *Progress in Human Geography*, 39(6), 729–751. https://doi.org/10.1177/0309132514558443

Lievrouw, L. A. (2014). Materiality and Media in Communication and Technology Studies: An Unfinished Project. In T. Gillespie, P. J. Boczkowski & K. A. Foot (Hrsg.), *Media Technologies. Essays on Communication, Materiality, and Society* (S. 21–52). MIT Press.

Linke, S. (2017). Ästhetik, Werte und Landschaft – eine Betrachtung zwischen philosophischen Grundlagen und aktueller Praxis der Landschaftsforschung. In O. Kühne, H. Megerle und F. Weber (Hrsg.), *Landschaftsästhetik und Landschaftswandel* (S. 23–40). Wiesbaden: Springer VS.

Lorimer, H. (2005). Cultural geography: The busyness of being ‚more-than-representational'. *Progress in Human Geography, 29*(1), 83–94. https://doi.org/10.1191/0309132505ph531pr

Löschnigg, M. (2017). ‚Sublime Oilscapes': Literary Depictions of Landscapes Transformed by the Oil Industry. *Anglia 135*(3), 543–560. https://doi.org/10.1515/ang-2017-0049

Loveland, M. (2018). An American Oilscape. The Affective Emotionalism of Petroleum in *There Will Be Blood. Cinesthesia 9*(1), 1–17. https://scholarworks.gvsu.edu/cine/vol9/iss1/4/.

Luhmann, N. (1977). Macht und System. Ansätze zur Analyse von Macht in der Politikwissenschaft. *Universitas, 32,* 473–482.

Luhmann, N. (1984). *Soziale Systeme. Grundriß einer allgemeinen Theorie.* Frankfurt (Main): Suhrkamp.

Luhmann, N. (2002). *Die Politik der Gesellschaft.* Frankfurt (Main): Suhrkamp.

Marx, S. & Sickenberger, W. (2015). Beurteilung des Farbensehens. In H. Dietze (Hrsg.), *Die optometrische Untersuchung* (2., vollständig überarbeitete Auflage, S. 50–62). Stuttgart: Georg Thieme Verlag.

Massey, D. (2005). *For Space.* SAGE.

Massumi, B. (2002). *Parables for the virtual: Movement, affect, sensation* (twentieth anniversary edition). Duke University Press.

McQuire, S. (2016). *Geomedia. Networked Cities and the Future of Public Space.* Polity.

Monmonier, M. (1989). *Maps with the News: The Development of American Journalistic Cartography.* University of Chicago Press.

Monmonier, M. S. (2018). *How To Lie With Maps* (3. Auflage). Chicago: University of Chicago Press.

Moores, S. (2018). *Digital Orientations: Non-Media-Centric Media Studies and Non-Representational Theories of Practice.* Peter Lang.

Morley, D. (2008). For a Materialist, Non-Media-centric Media Studies. *Television und New Media, 10*(1), 114–116. https://doi.org/10.1177/1527476408327173

Morris, C. W. (1938). *Foundations of the Theory of Signs.* Chicago: University of Chicago Press.

Müller, M. (2021). *Rorty lesen.* Wiesbaden: Springer VS.

Nagy, P. & Neff, G. (2015). Imagined Affordance: Reconstructing a Keyword for Communication Theory. *Social Media + Society, 1*(2), 2056305115603385. https://doi.org/10.1177/2056305115603385

November, V., Camacho-Hübner, E. & Latour, B. (2010). Entering a Risky Territory: Space in the Age of Digital Navigation. *Environment and Planning D: Society and Space, 28*(4), 581–599. https://doi.org/10.1068/d10409

Ozkul, D. & Gauntlett, D. (2014). Locative Media in the City Drawing Maps and Telling Stories. In J. Farman (Hrsg.), *Mobile Story: Narrative Practices with Locative Technologies* (S. 113–127). Routledge.

Panelli, R. (2010). More-than-human social geographies: Posthuman and other possibilities. *Progress in Human Geography, 34*(1), 79–87. https://doi.org/10.1177/0309132509105007

Paris, R. (2005). *Normale Macht. Soziologische Essays.* Konstanz: UVK.

Parmett, H. M. & Rodgers, S. (2018). Space, Place and Circulation: Three Conceptual Lenses into the Spatialities of Media Production Practices. In K. Fast, A. Jansson, J. Lindell, L. Ryan Bengtsson & M. Tesfahuney (Hrsg.), *Geomedia Studies. Spaces and Mobilities in Mediatized Worlds* (S. 61–78). Routledge.

Parsons, T. (1951). *The Social System*. Glencoe: Free Press.

Peirce, C. S. (1991). *Schriften zum Pragmatismus und Pragmatizismus* (Suhrkamp-Taschenbuch Wissenschaft, Bd. 945). Frankfurt (Main): Suhrkamp.

Peirce, C. S. (1998). *Essential Peirce. Selected Philosophical Writings. Volume 2 (1893–1913)*. Bloomington: Indiana University Press.

Picker, M., Maleval, V., & Gabaude, F. (Eds.). (2013). *Die Zukunft der Kartographie: Neue und nicht so neue epistemologische Krisen*. Bielefeld: transcript Verlag.

Pink, S. (2013). *Doing visual ethnography* (3. ed). SAGE Publ.

Pink, S., Horst, H. A., Postill, J., Hjorth, L., Lewis, T. & Tacchi, J. (2016). *Digital ethnography: Principles and practice*. SAGE.

Popitz, H. (1992). *Phänomene der Macht* (2., stark erweiterte Auflage). Tübingen: Mohr Siebeck.

Putnam, H. (1990). *Die Bedeutung von „Bedeutung"* (2., durchgesehene Auflage). Frankfurt (Main): Klostermann.

Putnam, H. (1995). Why There Isn't a Ready-made World. In P. K. Moser und J. D. Trout (Hrsg.), *Contemporary Materialism. A Reader* (S. 233–253). London: Routledge.

Putnam, H. (1997). *Für eine Erneuerung der Philosophie* (Universal-Bibliothek, Bd. 9660). Stuttgart: Reclam.

Raabe, J. (2008). Kommunikation und soziale Praxis: Chancen einer praxistheoretischen Perspektive für Kommunikationstheorie und -forschung. In C. Winter, A. Hepp & F. Krotz (Hrsg.), *Theorien der Kommunikations- und Medienwissenschaft* (S. 363–382). VS Verlag für Sozialwissenschaften. https://doi.org/10.1007/978-3-531-90778-9

Rettberg, J. W. (2020). Situated data analysis: A new method for analysing encoded power relationships in social media platforms and apps. *Humanities and Social Sciences Communications, 7*(1), Article 1. https://doi.org/10.1057/s41599-020-0495-3

Rogers, T. B. (2002). Henri Lefebvre, Space and Folklore. *Ethnologies, 24*(1), 21–44. https://doi.org/10.7202/006529ar

Rorty, R. (1982). *Consequences of Pragmatism. Essays: 1972–1980*. Minneapolis: University of Minnesota Press.

Rorty, R. (1991). *Essays on Heidegger and others* (Philosophical papers, v. 2). Cambridge: Cambridge University Press.

Rorty, R. (1997 [1989]). *Contingency, Irony, and Solidarity*. Cambridge: Cambridge University Press.

Rorty, R. (2019). *Philosophie als Kulturpolitik* (Suhrkamp Taschenbuch Wissenschaft, Bd. 2289, Erste Auflage). Berlin: Suhrkamp.

Rorty, R. (2023). *Pragmatismus als Antiautoritarismus*. Berlin: Suhrkamp.

Saker, M. & Evans, L. (2016). Locative Media and Identity: Accumulative Technologies of the Self. *SAGE Open, 6*(3), 215824401666269. https://doi.org/10.1177/2158244016662692

Schiewe, J. (2022). *Kartographie. Visualisierung georäumlicher Daten* (Lehrbuch). Berlin, Germany: Springer Spektrum.

Schlottmann, A. (2013). Visuelle Prosumtion im web2.0. Das Ende des kritischen Konstruktivismus oder seine praktische Konsequenz? In I. Gryl, T. Nehrdich und R. Vogler (Hrsg.), *geo@web. Medium, Räumlichkeit und geographische Bildung* (S. 93–110). Wiesbaden: Springer VS.

Schneider, U. (2004). *Die Macht der Karten. Eine Geschichte der Kartographie vom Mittelalter bis heute.* Darmstadt: Primus-Verlag.

Schönbächler, V. (2023). Instant Messaging meets Diary Studies: Employing WhatsApp in Audio Diary Research with Female Journalists in Burkina Faso. *ZQF – Zeitschrift für Qualitative Forschung, 24*(1), Article 1. https://www.budrich-journals.de/index.php/zqf/article/view/42455

Schurr, C. (2014). Emotionen, Affekte und mehr-als-repräsentationale Geographien. *Geographische Zeitschrift, 102*(3), 148–161.

Schwarzenegger, C., Wagner, A. & Gentzel, P. (2022). Der Datenvielfalt des digitalen Alltags habhaft werden. Konzeptualisierungen und empirische Anwendungsszenarien von Medientagebüchern. In C. Lohmeier und T. Wiedemann (Hrsg.), *Datenvielfalt in kommunikationswissenschaftlichen Forschungskontexten: Potenziale und Herausforderungen* (S. 79–102). Springer Fachmedien. https://doi.org/10.1007/978-3-658-36645-2

Sevignani, S., Tröger, M. & Theine, H. (2024). Towards Media Environment Capture: A Theoretical Contribution on the Influence of Big Tech on News Media. *International Journal of Communication,* forthcoming.

Singer, M. (2011). Down Cancer Alley: The Lived Experience of Health and Environment Suffering in Louisiana's Chemical Corridor. *Medical Anthropology Quarterly 25*(2), 141–163.

statista. (2024). Europäische Union: Bruttoinlandsprodukt (BIP) pro Kopf in den Mitgliedstaaten in jeweiligen Preisen im Jahr 2022. https://de.statista.com/statistik/daten/studie/188766/umfrage/bruttoinlandsprodukt-bip-pro-kopf-in-den-eu-laendern/. Zugegriffen: 10. April 2024.

Statistisches Bundesamt (Destatis). (2021). *Datenreport. Gesundheit* (S. 323–345). https://www.destatis.de/DE/Themen/Gesellschaft-Umwelt/Gesundheit/Behinderte-Menschen/_inhalt.html#235900

Steinmann, R., Häusler, E., Klettner, S., Schmidt, M. & Lin, Y. (2013). Gender Dimensions in UGC and VGI: A Desk-Based Study. *GI_Forum – Journal for Geographic Information Science, 2013*(1), 355–364.

Steinmaurer, T. (2013). Kommunikative Dauervernetzung. Historische Entwicklungslinien und aktuelle Phänomene eines neuen Dispositivs. *Medien Journal, 37*(4), 4–17.

Steinmaurer, T. (2016). *Permanent vernetzt. Zur Theorie und Geschichte der Mediatisierung.* Springer.

Stephens, M. (2013). Gender and the GeoWeb: Divisions in the production of user-generated cartographic information. *GeoJournal, 78*(6), 1–16.

Stone, J. C. (1988). Imperialism, Colonialism and Cartography. *Transactions of the Institute of British Geographers, 13*(1), 57. https://doi.org/10.2307/622775

Submarine Cable Map. (o. J.). Abgerufen 18. Juni 2024, von https://www.submarinecablemap.com/

Sumartojo, S. & Pink, S. (2019). *Atmospheres and the experiential world: Theory and methods* (First issued in paperback). Routledge.

Theine, H., Tröger, M. & Sevignani, S. (2022). Wer beherrscht die Medien? Zur Einfassung des Journalismus durch Technologiekonzerne (Otto Brenner Stiftung, Hrsg.; S. 41–64). OBS.

Thielmann, T. (2007). „You have reached your destination!" Position, positioning and super-positioning of space through car navigation systems. *Social Geography, 2*(1), 63–75. https://doi.org/10.5194/sg-2-63-2007

Thielmann, T. (2010). Locative Media and Mediated Localities: An Introduction to Media Geography. *aether. the journal of media geography, 5*A(1), 1–17.

Thielmann, T. & Schröter, J. (2014). Akteur-Medien-Theorie. In J. Schröter (Hrsg.), *Handbuch Medienwissenschaft* (S. 148–158). Springer.

Thrift, N. (2008). *Non-Representational Theory. Space – Politics – Affect.* Routledge.

Töpfer, F. (1974). *Kartographische Generalisierung.* Gotha, Leipzig: VEB Hermann Haack Geographisch-Kartographische Anstalt.

Topper, K. (1995). Richard Rorty, Liberalism and the Politics of Redescription. *American Political Science Review* 89 (4), 954–965. https://doi.org/10.2307/2082520

Tuan, Y. (2001). *Space and place: The perspective of experience* (8. Auflage). University of Minnesota Press.

Turnbull, D. (2007). Maps Narratives and Trails: Performativity, Hodology and Distributed Knowledges in Complex Adaptive Systems – an Approach to Emergent Mapping. *Geographical Research, 45*(2), 140–149. https://doi.org/10.1111/j.1745-5871.2007.00447.x

Turner, P. (2005). Affordance as context. *Interacting with Computers, 17*(6), 787–800. https://doi.org/10.1016/j.intcom.2005.04.003

Usher, N. (2020). News cartography and epistemic authority in the era of big data: Journalists as map-makers, map-users, and map-subjects. *New Media und Society, 22*(2), 247–263. https://doi.org/10.1177/1461444819856909

van Dijck, J. & Poell, T. (2013). Understanding Social Media Logic. *Media and Communication, 1*(1), 2–14. https://doi.org/10.17645/mac.v1i1.70

Van Es, K. & De Lange, M. (2020). Data with its boots on the ground: Datawalking as research method. *European Journal of Communication, 35*(3), 278–289. https://doi.org/10.1177/0267323120922087

Van Houtum, H. & Bueno Lacy, R. (2020). The migration map trap. On the invasion arrows in the cartography of migration. *Mobilities, 15*(2), 196–219. https://doi.org/10.1080/17450101.2019.1676031

Vujakovic, P. (2018). Cartography and the news. In A. Kent und P. Vujakovic (Hrsg.), *The Routledge handbook of mapping and cartography* (S. 462–474). Routledge.

Weber, F. (2017). Widerstände im Zuge des Stromnetzausbaus – eine diskurstheoretische Analyse der Argumentationsmuster von Bürgerinitiativen in Anschluss an Laclau und Mouffe. *Berichte. Geographie und Landeskunde, 91*(2), 139–154.

Weber, M. (1976 [1922]). *Wirtschaft und Gesellschaft. Grundriß der verstehenden Soziologie.* Tübingen: Mohr Siebeck.

Weber, M. (2010 [1904/05]). *Die protestantische Ethik und der Geist des Kapitalismus* (Beck'sche Reihe, Bd. 1614, Vollständige Ausgabe, 3. Auflage). München: C. H. Beck.

Werlen, B. (1999). *Zur Ontologie von Gesellschaft und Raum. Sozialgeographie alltäglicher Regionalisierungen* (2., völlig überarb. Aufl.). Steiner.

Wheelmap. (o. J.-a). [Screenshot von Wheelmap, Ampelsystem für Nutzer]. *Wheelmap.* Abgerufen am 10. Januar 2020, von https://wheelmap.org/.

Wheelmap. (o. J.-b). [Screenshot von Wheelmap, Suchbegriff: Berlin, Deutschland]. *Wheelmap.* Abgerufen am 10. Januar 2020, von https://wheelmap.org/.

Williams, R. (2015). Structures of Feeling. In D. Sharma und F. Tygstrup (Hrsg.), *Structures of Feeling* (S. 20–26). De Gruyter. https://doi.org/10.1515/9783110365481.20

Wolodtschenko, A. (2011). *30 Jahre mit und für die Kartosemiotik (1981–2011)* (Internationales Korrespondenz-Seminar. Diskussionsbeiträge zur Kartosemiotik und zur Theorie der Kartographie, Bd. 14). Dresden: Selbstverlag der Technischen Universität Dresden.

Zeffiro, A. (2012). A location of one's own: A genealogy of locative media. *Convergence: The International Journal of Research into New Media Technologies, 18*(3), 249–266. https://doi.org/10.1177/1354856512441148

Zillien, N. (2009). Die (Wieder-)Entdeckung der Medien – Das Affordanzkonzept in der Mediensoziologie. *Sociologia Internationalis, 46*(2), 161–182.

Zuboff, S. (2019). *The age of surveillance capitalism.* PublicAffairs.

If you have any concerns about our products,
you can contact us on
ProductSafety@springernature.com

In case Publisher is established outside the EU,
the EU authorized representative is:
Springer Nature Customer Service Center GmbH
Europaplatz 3, 69115 Heidelberg, Germany

Printed by Libri Plureos GmbH
in Hamburg, Germany